James Ballantine

One Hundred Songs

With Melodies Original & Selected

James Ballantine

One Hundred Songs
With Melodies Original & Selected

ISBN/EAN: 9783337181628

Printed in Europe, USA, Canada, Australia, Japan

Cover: Foto ©Thomas Meinert / pixelio.de

More available books at **www.hansebooks.com**

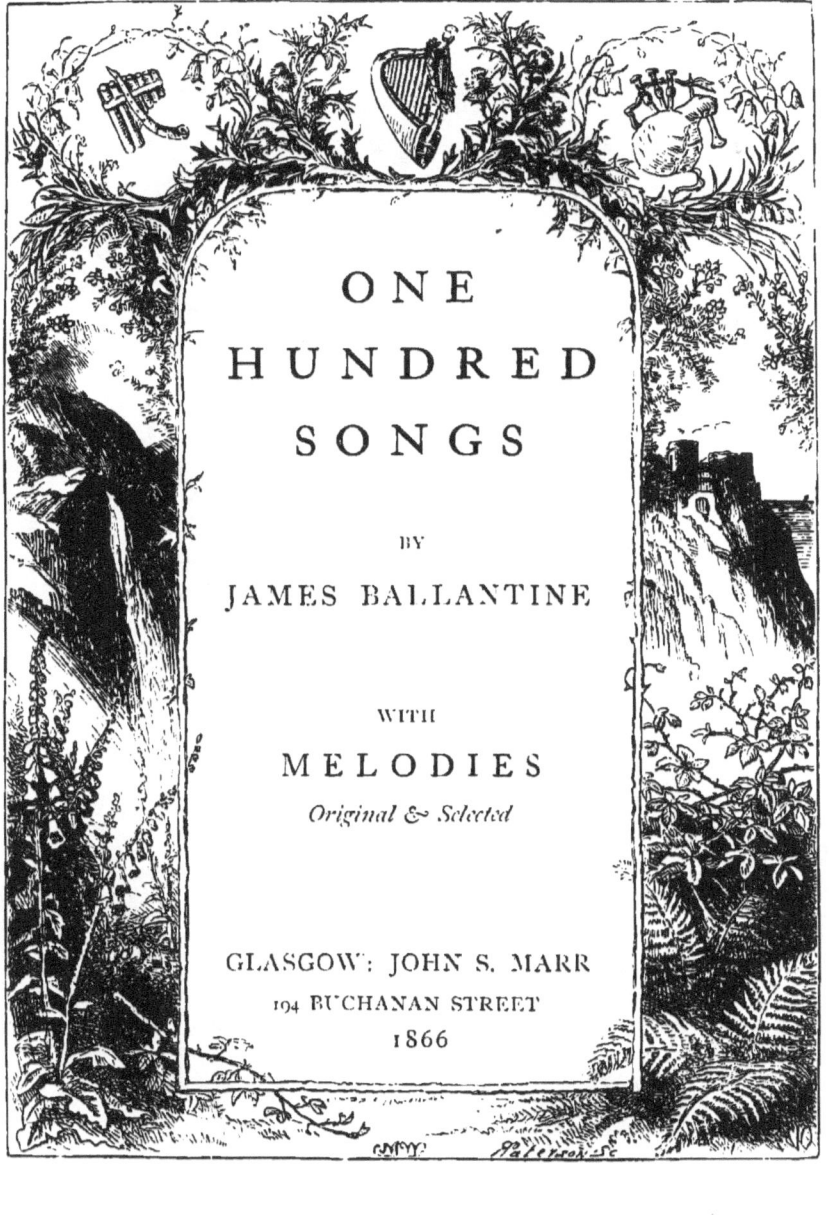

ONE HUNDRED SONGS

BY

JAMES BALLANTINE

WITH

MELODIES

Original & Selected

GLASGOW: JOHN S. MARR
194 BUCHANAN STREET
1866

THE following Songs have been selected from a large number written during five-and-twenty years. Several of the Airs have been contributed by eminent Composers, others have been adapted from ancient National Melodies; and in the words, I have endeavoured chiefly to embody and illustrate the maxims and manners of dear Auld Scotland.

JAMES BALLANTINE.

EDINBURGH, 1865.

INDEX.

		PAGE
A bonnie bride is easy buskit,	Adapted to an old Scotch Melody,	144
Adieu, dear heart of Aberdeen,	Air from the Skene MS.,	166
Ae gude turn deserves anither,	Music by WILLIAM HOWARD,	102
Alas! that I cam' o'er the muir,	Air from the Skene MS.,	100
A listener never hears gude o' himsel',	Air—"I'll mak' ye fain to follow me,"	104
A mother's love,	Music by WILLIAM HOWARD,	40
An April song,	Air from Aberdeen Cantus, 1682,	156
A sailor's song,	Music by PETER M'LEOD,	80
A soldier's song,	Music by JOSEPH SKEAF,	82
As the auld cock craws,	Air—"The white cockade,"	44
A stieve heart an' a sturdy step will climb the steepest brae,	Adapted to an old Scotch Melody,	98
A yachting song,	.	172
Aye do your best,	Air—"Wae's my heart, &c.,"	92
Bauld braxy Tam,	Air—"The Campbells are coming,"	72
Bessy's wooing,	Air—"The hills of Glenorchy,"	160
Bonnie Bonaly,	Music by ALEXANDER MACKENZIE,	14
Bonnie Currie Glen,	Adapted to an old Scotch Melody,	136
Carry your ain sunshine wi' ye,	Music by T. W. NAUMANN,	164
Castles in the air,	Music adapted by R. ADAMS,	12
Creep afore ye gang,	Adapted to an old Scotch Melody,	42
Dirge. Oh! weep, weep, ye streams,	Melody adapted by JOHN WILSON,	208
Farewell, Benvoirlich,	Adapted to an ancient Gaelic Melody,	48
Farewell, farewell, my humble home,	Music by FRANK MORI,	36
First blast of the trumpet against the monstrous regiment of women,	Air—"Donald Couper,"	204
Gi'e a wean his parritch,	Air—"Jenny Nettles,"	174
Gin ye canna forget, ye can surely forgi'e,	Adapted to an old Scotch Melody,	106
Grandfaither's o'e,	Adapted to an old Scotch Melody,	64
Grandmither's pet,	Adapted to an old Scotch Melody,	62
Heigh! ho!	Music adapted from MENDELSSOHN,	108
He rides sicker wha never fa's,	Adapted to an old Scotch Melody,	86
I ha'e lost my heart,	Music by J. C. KIESER,	20
Ilka blade o' grass,	Melody adapted by JOHN WILSON,	2
It's a lang lane that hasna a turnin',	Air—"The soger laddie,"	94

INDEX.

Title	Source	Page
Jamie and Phemie,	Adapted to an old Scotch Melody,	110
John Thamson's cart,		176
Kilt thy coat, Maggie,	Air from the Skene MS.,	168
Leezie Lee,	Adapted to an old Scotch Melody,	116
Let ilka man sit on his ain pock neuk,	Adapted to an old Scotch Melody.	96
Linton Laurie,	Melody adapted by A. MACKENZIE,	10
Loose the yett an' let me in,	Melody adapted by A. MACKENZIE,	28
Mary's farewell to France,	Melody adapted by JOHN WILSON,	196
Mary's lament in Lochleven,	Melody adapted by JOHN WILSON,	206
May morning song,	Air from Aberdeen Cantus, 1682,	78
Muckle-mou'd Meg,	Music by JOHN FINLAYSON,	179
My fiddle and me,	Music by PETER M'LEOD,	18
Naebody's bairn,	Music by WILLIAM HOWARD,	38
Oh, what is this that racks my breast?	Music by J. C. KIESER,	124
Old age's garland,	Adapted to an old Scotch Melody,	114
Our braw uncle,		74
Our puir cousin,	Music by PETER M'LEOD,	76
Patie the packman,	Air—"The Quaker's wife,"	185
Rosy-cheekit apples,	Air—"What's a' the steer?"	22
Saft is the blink o' thine e'e, lassie,		24
Sunshine and shower,	Music by T. L. HATELY,	34
The absent faither,	Gaelic air,	118
The auld beggar man,	Music by J. C. KIESER,	182
The childless widow,	Adapted to an old Scotch Melody,	120
The death-bed lament of King James,	Melody adapted by JOHN WILSON,	194
The emigrant Highlander's farewell,	Gaelic air—Adapted by JOHN WILSON,	128
The fair teacher,	Adapted to an old Scotch Melody,	135
The faither's knee,	Air—"The dusty miller,"	46
The first gray hair,	Gaelic air,	122
The flower of Banchory,	Air—"Come out to me,"	126
The gloamin' hour,	Adapted to an old Scotch Melody,	26
The gorbel o' the nest,	Adapted to an old Scotch Melody,	54
The gray hill plaid,	Adapted to an old Scotch Melody,	8
The Highland laddie,	Air—"Calder fair."	130
The kind auntie maiden,	Air—"Twine weel the plaiden,"	52
The lady fern,	Air from Aberdeen Cantus, 1682,	154
The last lay of Chatelard,	Melody adapted by JOHN WILSON,	202
The mair that ye gi'e, aye the mair will ye get,	Adapted to an old Scotch Melody,	88
The mair that ye work, aye the mair will ye win,	Adapted to an old Scotch Melody,	90
The nameless lassie,	Music by ALEXANDER MACKENZIE,	4
The outcast,	Air—"The Border widow,"	148
The pearly brow,	Air—"The shepherd's wife,"	16

INDEX.

		PAGE
The Queen's Maries, ...	. Air—"The happy clown," . .	. 200
The Scottish ploughman, . . .	. Air from Aberdeen Cantus, 1682,	. 158
The shadow on the pillow, . .	. Music by J. DURRNER, . .	. 162
The sodger's lassie, ...	. Adapted to an old Scotch Melody,	. 132
The stown kiss, ...	. Music by PETER M'LEOD, . .	. 30
The town drummer, ...	. Air—"Three gude fellows," .	. 188
The trysting tree, ...	. Adapted to an old Scotch Melody,	. 134
The veteran's welcome, . . .	. Melody adapted by JOHN WILSON,	. 198
The way to woo an' win, . . .	. Adapted to an old Highland Melody,	70
The wee, wee flower, . . .	. Music by ALFRED STELLA, . .	. 142
The whistlewood tree, .	. Music by WILLIAM HOWARD, . .	. 112
The woods of Aberdour, . . .	. Adapted to an old Scotch Melody, .	32
Three times crowdie in a day, .	. . . .	. 56
Truth must prevail, ...	. Adapted to an old Scotch Melody,	. 150
Uncle Watty and aunty Matty, .	. Melody by the late JOHN WILSON,	. 191
Wee Boo Peep, ...	. Adapted to an old Scotch Melody,	. 50
Weel my Willie lo'es me, . .	. Air—"Peggy, I maun lo'e thee,"	. 146
Wee Tammie Twenty, . . .	. Adapted to an old Scotch Melody,	. 170
We'll a' meet aboon, ...	. Music by JAMES PATERSON, . .	. 152
We're a' ae faither's bairns, .	. Adapted to an old Highland Melody,	. 66
We've a' ta'en the rue, . . .	. Adapted to an old Highland Melody,	. 60
Whup-the-cat, ...	. Air—"Dainty Davie," . . .	. 84
Wifie, come hame, ...	. Music by JAMES S. GEIKIE, . .	. 6
Wifies and weans, ...	. Adapted to an old Scotch Melody,	. 68
Ye maunna scaith the feckless, .	. Adapted to an old Scotch Melody,	. 58
Ye're ower bonnie, ...	. Music by T. W. NAUMANN, . .	. 140

SONGS,

WITH

MELODIES.

ILKA BLADE O' GRASS KEPS ITS AIN DRAP O' DEW.

Melody adapted and sung by JOHN WILSON.

Published with Accompaniments by Alexander Robertson & Co., Edinburgh.

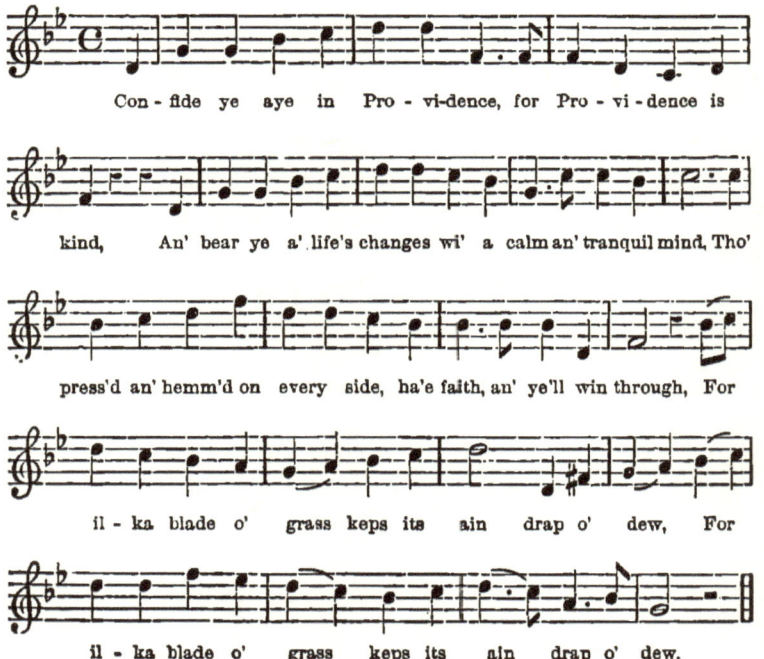

ILKA BLADE O' GRASS KEPS ITS AIN DRAP O' DEW.

Confide ye aye in Providence, for Providence is kind,
An' bear ye a' life's changes wi' a calm an' tranquil mind,
Though press'd an' hemm'd on every side, ha'e faith, an' ye'll win through,
For ilka blade o' grass keps its ain drap o' dew.

Gin reft frae friends, or crost in love, as whiles, nae doubt, ye've been,
Grief lies deep hidden in your heart, or tears flow frae your e'en,
Believe it for the best, and trow there's good in store for you,
For ilka blade o' grass keps its ain drap o' dew.

In lang, lang days o' simmer, when the clear and cludless sky
Refuses ae wee drap o' rain to Nature parch'd and dry,
The genial night, wi' balmy breath, gaurs verdure spring anew,
An' ilka blade o' grass keps its ain drap o' dew.

Sae lest, 'mid fortune's sunshine, we should feel ower proud an' hie,
An' in our pride forget to wipe the tear frae poortith's e'e,
Some wee dark cluds o' sorrow come, we ken na whence or hoo,
But ilka blade o' grass keps its ain drap o' dew.

THE NAMELESS LASSIE.

Music by ALEXANDER MACKENZIE.

Published with Accompaniments by Alexander Robertson & Co., Edinburgh.

There's nane may ev-er guess or trow my bon-nie lassie's name, There's

nane may ken the humble cot my las - sie ca's her hame;

Yet tho' my las-sie's nameless, an' her kin o' low de-gree, Her

heart is warm, her thochts are pure, an' O! she's dear to me; Her

heart is warm, her thochts are pure, an' O! she's dear to me.

THE NAMELESS LASSIE.

There's nane may ever guess or trow my bonnie lassie's name,
There's nane may ken the humble cot my lassie ca's her hame;
Yet tho' my lassie's nameless, an' her kin o' low degree,
Her heart is warm, her thochts are pure, an' O! she's dear to me.

She's gentle as she's bonnie, an' she's modest as she's fair,
Her virtues, like her beauties a', are varied as they're rare;
While she is light an' merry as the lammie on the lea,
For happiness and innocence thegither aye maun be!

Whene'er she shows her blooming face, the flow'rs may cease to blaw,
An' when she opes her hinnied lips, the air is music a';
But when wi' ither's sorrows touch'd, the tear starts to her e'e,
Oh! that's the gem in beauty's crown, the priceless pearl to me.

Within my soul her form's enshrin'd, her heart is a' my ain,
An' richer prize, or purer bliss, nae mortal e'er can gain;
The darkest paths o' life I tread wi' steps o' bounding glee,
Cheer'd onward by the love that lichts my nameless lassie's e'e!

WIFIE, COME HAME.

Music by James S. Geikie.

Published with Accompaniments by Alexander Robertson & Co., Edinburgh.

Wi - fie, come hame, My cou - thie wee dame!
Oh but ye're far a - wa', Wifie, come hame! Come wi' the young bloom o'
morn on thy brow, Come wi' the lown star o' love in thine ee,
Come wi' the red cherries ripe on thy mou', A' glist wi' balm, like the
dew on the lea; Come wi' the gowd tassels fringin' thy hair,
Come wi' thy rose cheeks a' dimpled wi' glee, Come wi' thy wee step and
wi - fie - like air, Oh quickly come, and shed blessings on me!

WIFIE, COME HAME.

Wifie, come hame,
My couthie wee dame!
Oh but ye're far awa',
Wifie, come hame!
Come wi' the young bloom o' morn on thy brow,
Come wi' the lown star o' love in thine ee,
Come wi' the red cherries ripe on thy mou',
A' glist wi' balm, like the dew on the lea;
Come wi' the gowd tassels fringin' thy hair,
Come wi' thy rose cheeks a' dimpled wi' glee,
Come wi' thy wee step and wifie-like air,
Oh quickly come, and shed blessings on me!
Wifie, come hame,
My couthie wee dame!
Oh my heart wearies sair,
Wifie, come hame!

Come wi' our love-pledge, our dear little dawtie,
Clasping my neck round, an' clamb'rin' my knee;
Come let me nestle and press the wee pettie,
Gazing on ilka sweet feature o' thee:
Oh but the house is a cauld hame without ye,
Lanely and eerie's the life that I dree;
Oh come awa', and I'll dance round about ye,
Ye'll ne'er again win frae my arms till I dee.
Wifie, come hame,
My couthie wee dame!
Oh but ye're lang awa',
Wifie, come hame!

THE GRAY HILL PLAID.

Adapted to an old Scotch melody.

Tho' cauld an' drear our muirland hame A-mang the wreaths o' snaw, Yet love here lowes wi' purer flame Than lights the lordly ha'; For il-ka shepherd's chequer'd plaid Has room enough for twa, An' cosh-ly shields his mountain maid Frae a' the blasts that blaw. Then hey the plaid! the gray hill plaid, That haps the heart sae true; Dear, dear to ev'-ry mountain maid Are plaid an' bon-net blue.

THE GRAY HILL PLAID.

Tho' cauld an' drear our muirland hame
   Amang the wreaths o' snaw,
Yet love here lowes wi' purer flame
   Than lights the lordly ha';
For ilka shepherd's chequer'd plaid
   Has room enough for twa,
An' coshly shields his mountain maid
   Frae a' the blasts that blaw.
     Then hey the plaid! the gray hill plaid,
       That haps the heart sae true;
     Dear, dear to every mountain maid
       Are plaid an' bonnet blue.

What tho' we're few upon the muir,
   We lo'e each ither mair,
An' to the weary wand'rin' puir
   We've comfort aye to spare.
The heart that feels for ither's woes
   Can ne'er keep love awa';
An' twa young hearts, when beating close,
   Can never lang be twa.
     Then hey the plaid! the gray hill plaid,
       That haps the heart sae true;
     Dear, dear to every mountain maid
       Are plaid an' bonnet blue.

LINTON LAURIE.

Adapted to an old Scotch melody by ALEXANDER MACKENZIE.

Published with Accompaniments by Paterson & Sons, Edinburgh.

I tint my heart ae morn in May, When burdies sang on ilka tree, When dew-draps hung on ilka spray, An' lammies play'd on ilka lea: O Linton Laurie, Linton Laurie, Aye sae fond ye trow'd to be, I never wist sae bright a morn Sae dark a night wad bring to me.

LINTON LAURIE.

I TINT my heart ae morn in May,
　When burdies sang on ilka tree,
When dew-draps hung on ilka spray,
　An' lammies play'd on ilka lea:
O Linton Laurie, Linton Laurie,
　Aye sae fond ye trow'd to be,
I never wist sae bricht a morn
　Sae dark a nicht wad bring to me!

Oh, Linton's words sae saftly fell,
　Sae slee the glamour o' his e'e,
That I ha'e never been mysel'
　Sin' e'er he spak and keek't to me:
O Linton Laurie, Linton Laurie,
　Come, dear Laurie, back to me;
An' siccan love I bear to you,
　E'en your forgettin' will forgi'e!

His absence I'll nae langer bear,
　My grief I canna langer dree,
I'll gang a thousand miles an' mair,
　My Laurie's manly form to see.
O Linton Laurie, Linton Laurie,
　Gin ye'll come to Logan Lea,
I'll mak' ye Laird o' Logan Ha',
　An' I your loving wife will be.

CASTLES IN THE AIR.

Music adapted by R. ADAMS.

Published with Accompaniments by David Swan, Glasgow.

Con sentimento.

The bon-nie, bon-nie bairn, sits po-kin' in the ase,
Glow'rin' in the fire wi' his wee round face;
Laughin' at the fuf-fin' lowe— what sees he there?
Ha! the young dreamer's biggin' castles in the air.
His wee chubby face, an' his touzie curly pow, Are laughin' an' noddin'
to the dancin' lowe; He'll brown his rosy cheeks, an' singe his sunny hair,
Glow'rin' at the imps wi' their castles in the air.

CASTLES IN THE AIR.

The bonnie, bonnie bairn, sits pokin' in the ase,
Glow'rin' in the fire wi' his wee round face;
Laughin' at the fuffin' lowe—what sees he there?
Ha! the young dreamer's biggin' castles in the air!

His wee chubby face, an' his touzie curly pow,
Are laughin' an' noddin' to the dancin' lowe;
He'll brown his rosy cheeks, an' singe his sunny hair,
Glow'rin' at the imps wi' their castles in the air.

He sees muckle castles tow'rin' to the moon,
He sees little sodgers pu'in' them a' doun;
Worlds whomling up an' down, bleezin' wi' a flare,
Losh! how he loups, as they glimmer in the air.

For a' sae sage he looks, what can the laddie ken?
He's thinkin' upon naething, like mony mighty men,
A wee thing mak's us think, a sma' thing mak's us stare,—
There are mair folk than him biggin' castles in the air.

Sic a night in winter may weel mak' him cauld;
His chin upon his buffy hand will soon mak' him auld;
His brow is brent sae braid, oh pray that Daddy Care
Wad let the wean alane wi' his castles in the air.

He'll glow'r at the fire, an' he'll keek at the licht;
But mony sparkling stars are swallow'd up by Nicht;
Aulder een than his are glamour'd by a glare,
Hearts are broken—heads are turn'd—wi' castles in the air.

BONNIE BONALY.

Music by ALEXANDER MACKENZIE.

Published with Accompaniments by Alexander Robertson & Co., Edinburgh.

Bonnie Bon-a-ly's wee fairy-led stream Murmurs and sobs like a

child in a dream; Falling where sil - ver

light gleams on its breast, Gliding through nooks where the

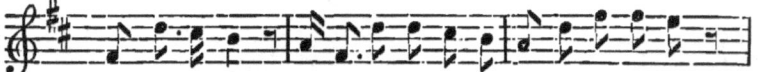

dark shadows rest, Flooding with music its own tin-y valley,

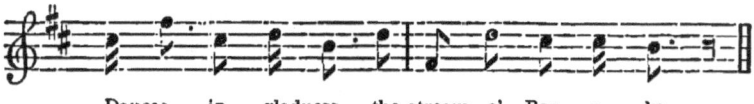

Dances in gladness the stream o' Bon-a-ly.

BONNIE BONALY.

BONNIE Bonaly's wee fairy-led stream
Murmurs and sobs like a child in a dream;
Falling where silver light gleams on its breast,
Gliding through nooks where the dark shadows rest,
Flooding with music its own tiny valley,
Dances in gladness the stream o' Bonaly.

Proudly Bonaly's gray-brow'd Castle tow'rs,
Bounded by mountains and bedded in flow'rs;
Here hangs the blue bell, and there waves the broom;
Nurtur'd by art, rarest garden-sweets bloom.
Heather and thyme scent the breezes that dally,
Playing amang the green knolls o' Bonaly.

Pentland's high hills raise their heather-crown'd crest,
Peerless Edina expands her white breast,
Beauty and grandeur are blent in the scene,
Bonnie Bonaly lies smiling between.
Nature and art, like fair twins, wander gaily;
Friendship and Love dwell in bonnie Bonaly.

THE PEARLY BROW.

Air—*The Shepherd's Wife.*

"Oh! whaur gat ye that pearly brow, An' whaur gat ye that ros-y mou', An' whaur gat ye thae een sae blue, That play sic pranks wi' mine, jo?" "The ne'er a pearl there's on my brow, The ne'er a rose blaws on my mou', My een ye cau-na ken their hue, They ne'er were rais'd to thine, jo."

THE PEARLY BROW.

"Oh! whaur gat ye that pearly brow,
 An' whaur gat ye that rosy mou',
 An' whaur gat ye thae een sae blue,
   That play sic pranks wi' mine, jo?"
"The ne'er a pearl there's on my brow,
 The ne'er a rose blaws on my mou',
 My een ye canna ken their hue,
   They ne'er were rais'd to thine, jo."

"Ae glance, ae sparkling glance was mine,
 An' Hope has dwalt wi' me sinsyne;
 Then let these stars in mercy shine
   On him wha worships thee, jo."
"Seek stars in heav'n, for there they shine,
 Gae worship at some haly shrine,
 Pay homage to some saint divine,
   Ye maunna worship me, jo."

"But I maun love, and loving seek
 Like love frae thee, sae pure and meek;
 Then dinna that fair bosom steek
   'Gainst ane wha loves but thee, jo."
The lassie blush'd, she couldna speak,
Deep crimson roses flush'd her cheek,
While wi' a silent sidelang keek,
   She shower'd love's light on me, jo.

MY FIDDLE AN' ME.

Music by PETER M'LEOD.

MY FIDDLE AN' ME.

Oh Nature is bonnie an' blithesome to see,
Wi' the gowd on her brow an' the light in her e'e;
  An' sweet is her summer-sang rollin' in glee,
  As it thrills the heart-strings o' my fiddle an' me.

When the young mornin' blinks through amang the black cluds,
An' the southland breeze rustles out through the green wuds,
  The lark in the lift, an' the merle on the tree,
  Baith strike the key-note to my fiddle an' me.

When amang the crisp heather upon the hill-side,
Mine e'e fu' o' rapture, my soul fu' o' pride,
  The wee heather lintie an' wild hinnie-bee
  A' join in the strain wi' my fiddle an' me.

When daund'rin' at e'en doun the dark dowie dells,
To cheer the wee gowans an' charm the wee bells,
  The sweet purling rill wimples doun to the sea,
  Dancing light to the notes o' my fiddle an' me.

At kirn or at weddin', at tryst or at fair,
There's nae soul-felt music unless we be there;
  Wi' a spark in my heart, an' a drap in my e'e,
  The vera floor loups to my fiddle an' me.

My fiddle's my life-spring, my fiddle's my a',
She clings to me close when a' else are awa';
  Time may force friends to part, he may wyle faes to gree,
  Death only can part my auld fiddle an' me.

I HA'E LOST MY HEART.

Music by J. C. Kieser.

I ha'e lost my heart, I ha'e lost my heart, Whaur has the wan-d'rer flown? I'm sad and wae for the sil-ly wee thing, I wish it bo na stown. It's a-wa' to the lassie blithe and sweet, Wi' sun-licht in her e'e, An', oh! gin the wilfu' wee thing ye meet, Gae bring it, bring it back to me.

I HA'E LOST MY HEART.

I ha'e lost my heart, I ha'e lost my heart,
    Whaur has the wand'rer flown?
I'm sad and wae for the silly wee thing,
    I wish it be na stown.
It's awa' to the lassie blithe an' sweet,
    Wi' sunlicht in her e'e,
An', oh! gin the wilfu' wee thing ye meet,
    Gae bring it back to me.

Oh! it's unco sair a lassie to lo'e,
    Wha's fickle as the wind;
An' it's unco sair when ye tyne your heart,
    Anither no to find:
But, oh! it's heav'n the lassie to lo'e,
    Wha gi'es ye love again;
Then strive ye to gain a maiden's heart,
    An' niffer't wi' your ain.

ROSY-CHEEKIT APPLES.

Air—*What's a' the Steer.*

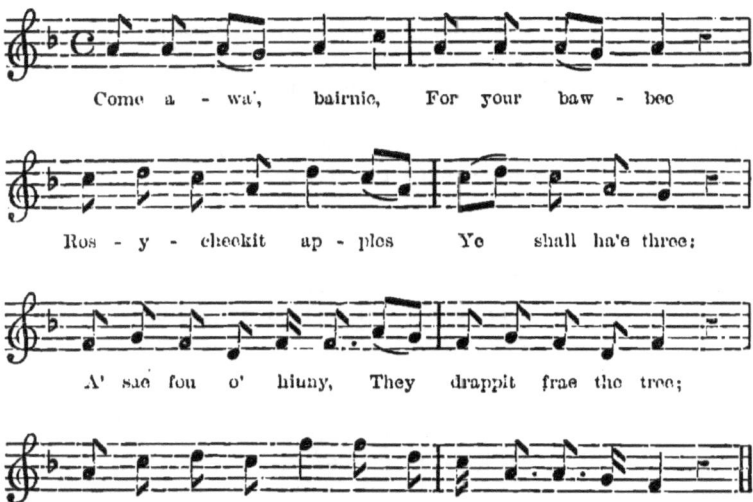

Come awa', bairnie, For your baw-bee
Rosy-cheekit apples Ye shall ha'e three;
A' sae fou o' hiuny, They drappit frae the tree;
Like your bonnie sel', A' the sweeter they are wee.

ROSY-CHEEKIT APPLES.

Come awa', bairnie,
  For your bawbee
Rosy-cheekit apples
  Ye shall ha'e three:
A' sae fou o' hinny,
  They drappit frae the tree;
Like your bonnie sel',
  A' the sweeter they are wee.

Come awa', bairnie,
  Dinna shake your head;
Ye mind me o' my ain bairn,
  Lang, lang dead.
Ah! for lack o' nourishment
  He drappit frae the tree;
Like your bonnie sel',
  A' the sweeter he was wee.

Oh! auld frail folk
  Are like auld fruit trees,
They canna stand the gnarl
  O' the cauld winter breeze:
But heaven tak's the fruit
  Though earth forsake the tree;
An' we mourn our fairy blossoms,
  A' the sweeter they were wee.

SAFT IS THE BLINK O' THINE E'E, LASSIE.

SAFT IS THE BLINK O' THINE E'E, LASSIE.

Oh, saft is the blink o' thine e'e, lassie,
    Saft is the blink o' thine e'e;
An' a bonnie wee sun glimmers in its blue orb
    As kindly it glints upon me.

The ringlets that twine round thy brow, lassie,
    Are gowden as gowden may be;
Like the wee curly cluds that play round the
    When he's just gaun to drap in the sea.

Thou hast a bonnie wee mou', lassie,
    As sweet as a body may pree;
An' fondly I'll pree that wee hinny mou',
    E'en though thou shouldst frown upon me.

Thy thoughts are sae haly and pure, lassie,
    Thy heart is sae kind an' sae free;
My bosom is flooded wi' sunshine an' joy,
    Wi' ilka blithe blink o' thine e'e.

THE GLOAMIN' HOUR.

The wee freckled cluds o'er the blue lift are roamin',
    The waves ripple licht o'er the sea,
An' the pearly mantle o' dark gray gloamin'
    Fa's silkenly saft around me;
An' wow but my heart dances boundin' an' licht,
    An' my bosom beats blithesome an' cheerie,
When I see the black locks o' the pawky-e'e'd nicht,
    That sae kindly hap me an' my dearie.

Your birdies an' bardies may warble an' sing,
    An' praise the bricht glories o' day,
But lovers, true lovers, can do nae sic thing,
    For they weary till daylicht's away;
Then in the lone glen, whaur there's naething to start,
    Oh, 'tis sweet when there's naebody near ye,
An' naething is heard but the beat o' your heart,
    Echo'd back by the heart o' your dearie.

O Love! thou canst licht up the darkness o' nicht,
    Thou canst brichten the mirkest hour;
An' the heaven o' bliss, in a stown modest kiss,
    Brings sunshine when dark shadows low'r.
Then let him wha complains o' life's troubles an' pains,
    An' feels himsel' dowie an' eerie,
Gae doun the lane glen, an' let naebody ken
    But himsel' an' his ain lovin' dearie!

LOOSE THE YETT AN' LET ME IN.

Adapted to an old Scotch Melody by ALEXANDER MACKENZIE.

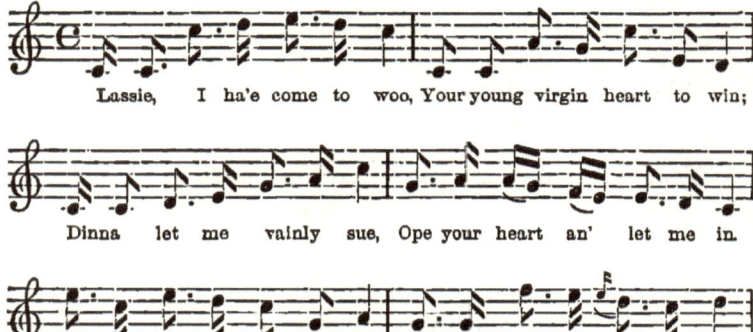

LOOSE THE YETT AN' LET ME IN.

Lassie, I ha'e come to woo,
　Your young virgin heart to win;
Dinna let me vainly sue,
　Ope your heart an' let me in.
Far ha'e I come o'er the muir,—
　Dark's the nicht an' cauld's the win';
Dinna 'gainst me bar your door,
　Loose the yett an' let me in.

My auld aunty's dead an' gane,
　Silent noo her yelpin' din;
My peat biggin's a' my ain,
　Let me lead ye mistress in.
A welcome but an' welcome ben.
　Wi' a bien leanto ahin';
Oh how coshly we will fen',
　Loose the yett an' let me in.

My gray yaud is toom an' cauld,
　I am chitterin' to the chin;
Will ye no your yett unfauld,
　An' let starving strangers in.
Scorn mysel', ye scorn my beast,
　Your heart maun be hard as whin;
Farewell! faith I'll farther east,
　Muirland Meg will let me in.

THE STOWN KISS.

What ails my minny at Willie an' me?
How can my minny wyte Willie an' me,
When nane but the wean an' the wee butterflee
Can see the stown kiss o' my Willie an' me?

My minnie is pawky, my minny is slee,
She keeps me aye close 'neath the kep o' her e'e;
She bids me gae nurse my young billie awee,
But wots nae how sleely my Willie woos me.
    What ails my minny, &c.

My grandfaither suns himsel' on the door stane,
An' dreams o' my grandmither lang dead an' gane;
He gazes on heav'n wi' his lustreless e'e,—
They surely ance lo'ed like my Willie an' me!
    What ails my minny, &c.

I ken Willie's true, an' I feel he's my ain,
He courts nae for gear, an' he comes nae for gain;
He leaves a' his flocks far outo'er on yon lee—
What true heart wad sinder my Willie an me?
    What ails my minny, &c.

THE WOODS OF ABERDOUR.

Adapted to an old Scotch melody.

THE WOODS OF ABERDOUR.

The wind blaws saft frae south to north,
  An' wafts the seedlin' frae the flow'r
Far o'er the broad and glassy Forth,
  To grow in bonnie Aberdour.
    Fair Aberdour, dear Aberdour!
    Oh gin I were that seedlin' flow'r,
    That thus the air might bear me o'er
    To love an' bonnie Aberdour.

Gin planted in that fertile soil,
  The fairest flow'r I'd aim to be,
That I might win my laddie's smile,
  An' licht wi' love his sparklin' e'e.
    Fair Aberdour, dear Aberdour!
    Oh gin I were that seedlin' flow'r,
    That thus the air might bear me o'er
    To love an' bonnie Aberdour.

An' gin that flow'r he deign'd to pu',
  An' wear upon his manly breast,
My glowing love wad pierce him through,
  My joy wad mak' him mair than blest.
    Fair Aberdour, dear Aberdour!
    Oh gin I were that seedlin' flow'r,
    That thus the air might bear me o'er
    To love an' bonnie Aberdour!

SUNSHINE AND SHOWER.

The heart that is sinking in sorrow
   May mourn, but need never despair;
The night may be dark, but to-morrow
   The sky may be smiling and fair.
As golden day follows gray morning,
   As summer heat follows the rain,
As shadow makes light more adorning,
   So pleasure is heighten'd by pain.

Our life is a state of progression,
   Though weary and rough be the way:
And ere we get good in possession,
   Hard labour's the price we must pay.
Then pause not though dark and alarming
   The sky in the distance may low'r;
Press on,—there be regions more charming—
   The sunshine comes after the show'r.

Then list not your woe-begone lover,
   And heed not your woe-boding friend;
The sooner your sorrows are over,
   The sooner your pleasures will end.
When joy thus with sorrow is blended,
   Oh, why should life's cup ever cloy?
Or why should we wish our woes ended,
   When Sorrow's the sister of Joy?

FAREWELL, FAREWELL, MY HUMBLE HOME.

Music by Frank Morl

Plaintive.

Farewell, farewell, my humble home, And hail the swelling sea, love! Through distant climes I'll restless roam, Far, far frae hope and thee, love. In vain I gaz'd, In vain I sigh'd, Impell'd by love I couldna hide; Wi' fopling fashion by thy side, Thou wistna how I pin'd for thee. Farewell, farewell, my humble home, And hail the swelling sea, love; Through distant climes I'll rest-less roam, Far, far frae hope and thee, love.

FAREWELL, FAREWELL, MY HUMBLE HOME.

Farewell, farewell, my humble home,
  And hail the swelling sea, love!
Through distant climes I'll restless roam,
  Far, far frae hope and thee, love.
In vain I gaz'd, in vain I sigh'd,
Impell'd by love I couldna hide;
Wi' fopling fashion by thy side,
  Thou wistna how I pin'd for thee.
    Farewell, farewell, my humble home,
      And hail the swelling sea, love!
    Through distant climes I'll restless roam
      Far, far frae hope and thee, love.

Farewell, dear maid, yet, ere we part,
  Ae blink frae thy saft e'e, love,
Wad light my path and cheer my heart
  When far frae home and thee, love.
"My heart," she sigh'd, "was aye your ain;
I trow'd ye proud, ye trow'd me vain,
Yet how could I, though e'er sae fain,
  Ha'e spoken till ye spak' to me."
    Oh welcome joy, and welcome home,
      I'll shun the howling sea, love;
    Let hopeless hearts in sadness roam,
      I'll live and die wi' thee, love.

NAEBODY'S BAIRN.

Music by WILLIAM HOWARD.

Published, with Accompaniments, by John Campbell and Co., London.

She was Nae-bo-dy's Bairn, She was Nae-bo-dy's Bairn, She had mic-kle to thole, she had mic-kle to learn A-fore a kind word or kind look she could earn, For nae-bo-dy car'd a-bout Nae-bo-dy's Bairn. Tho' faither or mither ne'er own'd her a-va, Tho' rear'd by the frem-mit for fee un-co sma', Sue grew in the shade like a young la-dy-fern; For Na-ture was boun-teous to Nae-bo-dy's Bairn, For Na-ture was boun-teous to Nae-bo-dy's Bairn.

NAEBODY'S BAIRN.

She was Naebody's Bairn, she was Naebody's bairn,
She had mickle to thole, she had mickle to learn
Afore a kind word or kind look she could earn,
For naebody car'd about Naebody's Bairn.

Though faither or mither ne'er own'd her ava,
Though rear'd by the fremmit for fee unco sma',
She grew in the shade like a young lady-fern;
For Nature was bounteous to Naebody's Bairn.

Though toited by some, an' though lightlied by mair,
She never compleen'd, though her young heart was sair:
An' warm virgin tears that micht melted cauld airn
Whiles glist in the blue e'e o' Naebody's Bairn.

Though nane cheer'd her childhood, an' nane hail'd her birth,
Heav'n sent her an angel to gladden the earth,
An' when the earth doom'd her in laigh nook to dern,
Heav'n couldna but tak' again Naebody's Bairn.

A MOTHER'S LOVE.

Music by WILLIAM HOWARD.

Published, with Accompaniments, by John Campbell & Co., London.

No feeling can the bosom move, So tender as a mother's love; No task so ho-ly and refin'd As hers who guides the in-fant mind. What buoy-ant hopes, what jealous fears, Evok'd by childhood's smiles or tears, Impel a mother's loving breast To have her child with virtue blest! Impel a mother's loving breast To have her child with virtue blest!

A MOTHER'S LOVE.

No feeling can the bosom move,
So tender as a mother's love;
No task so holy and refin'd
As hers who guides the infant mind.
What buoyant hopes, what jealous fears.
Evok'd by childhood's smiles or tears,
Impel a mother's loving breast
To have her child with virtue blest!

The leaf o'erlaps the budding flow'r,
To keep it safe from sleety show'r;
The mavis seeks the leafy tree,
To keep her young from prowlers free.
The shepherd shares his gray hill plaid,
To shield from cold his mountain maid;
And what will mother not endure
To keep her offspring wise and pure!

CREEP AFORE YE GANG.

Adapted to an old Scotch Melody.

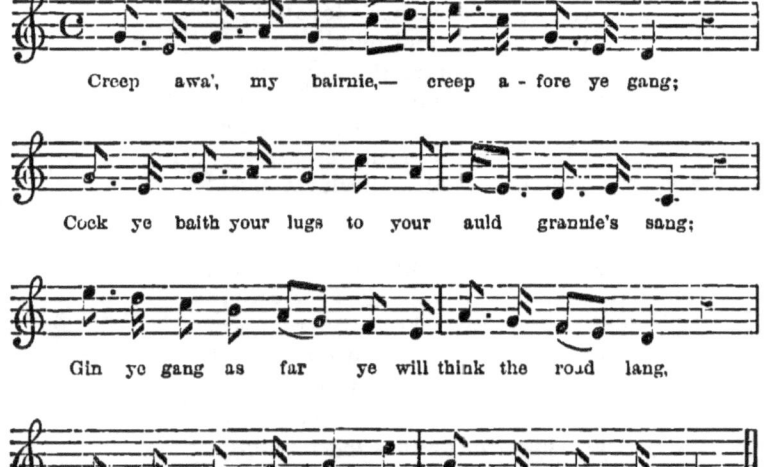

Creep awa', my bairnie,— creep a-fore ye gang;

Cock ye baith your lugs to your auld grannie's sang;

Gin ye gang as far ye will think the road lang,

Creep awa', my bairnie,— creep a-fore ye gang.

CREEP AFORE YE GANG.

Creep awa', my bairnie,— creep afore ye gang;
Cock ye baith your lugs to your auld grannie's sang;
  Gin ye gang as far ye will think the road lang,
  Creep awa', my bairnie,—creep afore ye gang.

Creep awa', my bairnie, ye're ower young to learn
To tot up and down yet, my bonnie wee bairn;
  Better creepin' cannie, as fa'in' wi' a bang,
  Duntin' a' your wee brow,—creep afore ye gang.

Ye'll creep, an' ye'll hotch, an' ye'll nod to your mither,
Watchin' ilka stap o' your wee donsy brither;
  Rest ye on the floor till your wee limbs grow strang,
  An' ye'll be a braw chiel yet,—creep afore ye gang.

The wee burdie fa's when it tries ower soon to flee,
Folks are sure to tumble when they climb ower hie;
  They wha dinna walk richt, are sure to come to wrang,
  Creep awa', my bairnie,—creep afore ye gang.

AS THE AULD COCK CRAWS.

Air—*The White Cockade.*

As the auld cock craws, sae the young cock learns: Aye tak' ye care what ye do a-fore bairns; Their heads are muckle, though their limbs are wee, An' oh! the wee tots are gleg in the e'e. Then dinna fricht your laddie wi' the "black boo" man, But let him douk his lugs in his wee parritch pan; Lay ye his ros-y cheek up-on your mou' a wee, How the rogue will laugh when his minny's in his e'e!

AS THE AULD COCK CRAWS.

As the auld cock craws, sae the young cock learns:
Aye tak' care what ye do afore bairns;
   Their heads are muckle, though their limbs are wee,
   An' oh! the wee tots are gleg in the e'e.
Then dinna fricht your laddie wi' the "black boo" man,
But let him douk his lugs in his wee parritch pan;
   Lay ye his rosy cheek upon your mou' a wee,
   How the rogue will laugh when his minny's in his e'e!

As the auld cock craws, sae the young cock learns:
Aye tak' ye care what ye do afore bairns;
   Though vice may be muckle, and virtue may be wee,
   Yet a sma' speck o' licht will woo the dullest e'e.
Then dinna fricht us a' wi' the muckle black deil,
But show us mercy's bonnie face, an' teach us to feel;
   Though we think like men, we should feel like bairns,—
   As the auld cock craws, sae the young cock learns.

THE FAITHER'S KNEE.

Air—*The Dusty Miller.*

Oh! happy is the mither o' ilk little pet, Who has a happy faither by the ingle set, Wi' ae wee tottum sleepin' 'neath its mither's e'e, Anither tottum creepin' up its faither's knee. Aye rockin', rockin', aye rockin' ree, Pu'in' at his stockin', climbin' up his knee.

THE FAITHER'S KNEE.

Oh! happy is the mither o' ilk little pet,
Who has a happy faither by the ingle set,
Wi' ae wee tottum sleepin' 'neath its mither's e'e,
Anither tottum creepin' up its faither's knee.
  Aye rockin', rockin', aye rockin' ree,
  Pu'in' at his stockin', climbin' up his knee.

Although our wee bit biggin' there be but few wha ken,
Beneath our theekit riggin', bien's the but and ben;
Although about the creepy bairnies canna gree,
They cuddle, when they're sleepy, on their faither's knee.
  They're aye wink, winkin', wi' the sleepy e'e,
  Or aye jink, jinkin', round their faither's knee.

Although the sun o' simmer scarce glints through the bole,
Oh! kindly is the glimmer o' our cannel-coal;
And bricht the rays o' glory stream frae heaven hie,
When gude grandsire hoary bends his aged knee;
  Baith the parents kneelin' by their tots sae wee—
  Holy is the feelin' offer'd on the knee.

FAREWELL, BENVOIRLICH.

FAREWELL, Benvoirlich, farewell, Benmohr,
Farewell, fair Aileen, thou whom I adore:
Rise, ye ocean billows, blow, ye tempests, blow;
'Mid your noisy howling, drown my wail and woe.
  Still in my dreaming,
  Bright eyes are beaming,
  Sad tears are streaming—
   Oh, my heart is sore.

O dearest Aileen, cruel was the blow
Rack'd thy fair bosom, laid thy lover low;
Doom'd him thus to wander o'er the stormy sea
Far from home and kindred, far from love and thee.
  Still, while repining,
  Love's star is shining,
  Fond arms are twining,
   Bright fancies glow.

Ever and ever, round me shall flow,
Grief's gloomy river, silent, dark, and slow;
Till, on high uprearing, o'er the ocean blue
Scotland's rugged mountains meet again my view.
  Then, dearest Aileen,
  True and unfailing,
  Farewell to wailing,
   Farewell to woe.

WEE BOO PEEP.

Adapted to an old Scotch Melody.

Published, with Accompaniments, by Alexander Robertson & Co., Edinburgh.

Wee Boo Peep, he lies rowin' on the floor, Rum tumblin' up an' doun, dorty an' dour; Sour as a sour-ack, an' round as a neep, A queer wirly war-ly is our Boo Peep. Wee Boo Peep, he dances an' he sings, He laughs an' he skirls till the hale house rings; His fair wee face whiles is black as a sweep, But warm are the lips aye o' Wee Boo Peep.

WEE BOO PEEP.

WEE Boo Peep, he lies rowin' on the floor,
Rum tumblin' up an' doun, dorty an' dour;
Sour as a sourack, an' round as a neep,
A queer wirly warly is our Boo Peep.

Wee Boo Peep, he dances an' he sings,
He laughs an' he skirls till the hale house rings;
His fair wee face whiles is black as a sweep,
But warm are the lips aye o' Wee Boo Peep.

Wee Boo Peep, he chuckles an' he leers,
His een glist wi' glee, or glammerit wi' tears;
He craws like a cock, he baas like a sheep,
Ye canna tell what's up wi' Wee Boo Peep.

Wee Boo Peep, gin ye ettle him to check,
He'll clamber your knee, an' he'll cling round your neck;
He'll gaur your mou' smack wi' sae couthie a cheep,
Ye canna speak a harsh word to Wee Boo Peep.

Wee Boo Peep, he is slippery as an eel,
Gleg as a wummle, an' fleet as a wheel;
He rows doun the brae, he rins up the steep,
Here, there, everywhere is Wee Boo Peep.

Wee Boo Peep, his banes maun whiles be sair,
Fa'in' aff stools, or tumblin' doun the stair;
But whaur is the height whaur he winna creep?
He'll ride on the riggin' yet, Wee Boo Peep.

THE KIND AUNTIE MAIDEN.

Air—*Twine Weel the Plaiden.*

Oh, rosy are the eastern skies At dawn o' summer mornin', But brighter are the gowden dyes The e'ening skies a-dornin': Oh, pure the love o' her wha's charms May grace the hamely plaiden, But purer far the love that warms The Kind Auntie Maiden. Then twine it weel, then twine it weel, Then twine it weel the plaiden, There's nane e'er twin'd or span for me Like my dear Auntie Maiden.

THE KIND AUNTIE MAIDEN.

Oh, rosy are the eastern skies
  At dawn o' summer mornin',
But brighter are the gowden dyes
  The e'ening skies adornin':
Oh, pure the love o' her wha's charms
  May grace the hamely plaiden,
But purer far the love that warms
  The kind Auntie Maiden.
    Then twine it weel, then twine it weel,
      Then twine it weel the plaiden;
    There's nane e'er twin'd or span for me
      Like my dear Auntie Maiden.

Oh, how may hand-bound minnie get
  Her tottums clad sae gaily?
The youngest aye is auntie's pet,
  Wha brings him presents daily.
An' wha wad tak' the orphan's part,
  An' twine for him the plaiden,
An' 'twerena for the kindly heart
  O' his dear Auntie Maiden?
    Then twine it weel, &c.

Oh, mutual love is mutual bliss,
  Young mou's were made for preein',
An' when we gie the half-stoun kiss,
  We're gettin' whaur we're giein'.
But there's a love seeks nae return
  Frae them wi' poortith laden—
A heart to beat for them wha mourn,
  A kindly Auntie Maiden.
    Then twine it weel, an' twine it weel,
      Then twine it weel the plaiden,
    There's nane e'er twin'd or toil'd for me,
      Like my kind Auntie Maiden.

THE GORBEL O' THE NEST.

Adapted to an old Scotch melody.

THE GORBEL O' THE NEST.*

Oh dinna look ye pridefu' doon on a' aneath your ken,
For he wha seems the farthest but aft wins the farthest ben;
And whiles the doubie o' the schule tak's lead o' a' the rest,
The birdie sure to sing is aye the gorbel o' the nest.

The cauld gray misty morn aft brings a sultry sunny day,
The tree whas buds are latest is the langest to decay;
The heart sair tried wi' sorrow aye endures the sternest test,
The birdie sure to sing is aye the gorbel o' the nest.

The wee wee stern that glints in heaven may be a lowin' sun,
Though like a speck o' licht scarce seen amid the welkin' dun;
The humblest sodger on the field may win the warrior's crest,
The birdie sure to sing is aye the gorbel o' the nest.

Then dinna be impatient wi' your bairnie when he's slow,
And dinna scorn the humble, though the warld deem them low;
The hindmost and the feeblest aft become the first and best,
The birdie sure to sing is aye the gorbel o' the nest.

* Bird-nesting boys believe that the last hatched bird, or the "gorbel o' the nest," is sure to be a singer.

THREE TIMES CROWDIE IN A DAY.

THREE TIMES CROWDIE IN A DAY.

Wee bit bruckit, drunken bodie,
　Drinkin', daidlin' a' the day,
Gin ye winna work for crowdie,
　What can your puir wifie do?

　　A' the weans cry crowdie, crowdie,
　　　Crowdie, mammy, crowdie mae,
　　Till the wee bit hungry tots
　　　Hae crowdied a' my meal away.

In comes Jockie frae the schule,
　In comes Davock frae his play;
The twa twin tottums on my knee
　Are skirlin' for their crowdie too.
　　A' the weans, &c.

The auld blind man cam' to the door,
　Wist ye but my heart was wae
To let him gang without his crowdie,
　But my meal was a' away.
　　A' the weans, &c.

Twasome dainty strappin' callants,
　Twasome lassock twins we ha'e,
But gin ye winna work for crowdie,
　Ne'er o' me'll hae ony mae.
　　A' the weans, &c.

YE MAUNNA SCAITH THE FECKLESS.

Adapted to an old Scotch Melody.

"Come, callants, quit sic cruel sport; For shame, for shame, gi'e ower! That poor half-witted creatur' ye've been fechtin' wi' this hour, What pleasure ha'e ye seein' him thus lay his bosom bare?—Ye maunna scaith the feckless! They're God's peculiar care.

"The sma'est things in nature may be feckless as they're sma', But oh! they tak' up little space—there's room eneugh for a'; An' this poor witless wanderer, I'm sure ye'd miss him sair—Ye maunna scaith the feckless! they're God's peculiar care.

YE MAUNNA SCAITH THE FECKLESS.

"Come, callants, quit sic cruel sport; for shame, for shame
    gi'e ower!
That poor half-witted creatur' ye've been fechtin' wi' this hour,
What pleasure ha'e ye seein' him thus lay his bosom bare?—
Ye maunna scaith the feckless! they're God's peculiar care.

"The sma'est things in nature may be feckless as they're sma',
But oh, they tak' up little space—there's room eneugh for a';
An' this poor witless wanderer, I'm sure ye'd miss him sair—
Ye maunna scaith the feckless! they're God's peculiar care.

"There's some o' ye may likely ha'e, at hame, a brither dear,
Whase wee bit helpless mournfu' greet ye canna thole to hear;
An' is there ane amang ye but ye're best wi' him would share?—
Ye maunna scaith the feckless! they're God's peculiar care."

The callants' een were glist wi' tears, they gazed on ane anither,
They felt what they ne'er felt before, "the feckless was their
    brither!"
They set him on a sunny seat, an' straik'd his gowden hair—
The bairnies felt the feckless was God's peculiar care.

WE'VE A' TA'EN THE RUE.

WE'VE a' ta'en the rue, an' grown callants again;
We've a' ta'en the rue, an' grown callants again:
Man's honour is folly, his wisdom is vain—
We've ta'en a new thocht, an' grown callants again.

We'll aff to fair Roslin an' sweet Habbie's Howe,
By fairy-led streamlet an' castle-crown'd knowe;
We'll climb the high Pentlands, without pech or grane,—
The green hills will mak' us a' callants again.

Oh, wha wad ha'e wisdom that comes when ye're auld?
An' wha wad ha'e honours that bend ye twa-fauld?
Man grows till a sage, an' a sage till a wean—
Sae we've ta'en a new lease, an' grown callants again.

Oh, manhood gains glory, an' age gathers gear,
But bairn-time has joys that the heart aye hauds dear;
An' wadna the loun be right bauld to complain,
Wha can cast aff his age, an' grow callant again?

GRANDMITHER'S PET.

Adapted to an old Scotch Melody.

Oh, Grandmither's Pet is a wee orphan wean— O'
five bloomin' bairnies she's left here a-lane; Au'
for her twin tit-tie our een still are wet, Nae
ferlie the fair-y is Grandmither's Pet.

GRANDMITHER'S PET.

Oh, Grandmither's Pet is a wee orphan wean—
O' five bloomin' bairnies she's left here alane;
An' for her twin tittie our een still are wet,
Nae ferlie the fairy is Grandmither's Pet.

She's pettled sae mickle by grit an' by sma',
Ye marvel her wits dinna wander awa';
But the pure pearly glance o' her e'e, black as jet,
Sheds kindness on a' wha ken Grandmither's Pet.

Sic queer thochts she thinks, and sic queer things she says,
Ye wad think she had livit in lang bygane days,
Or that friends now departed whiles crack wi' her yet,
Sic auld-farrant fancies has Grandmither's Pet.

She gazes for hours in yon flow'r-margin'd well,
Whaur she sees her twin tittie when seein' hersel',
An' trows that her tears wi' her tittie's ha'e met
As they blob in that fountain—dear Grandmither's Pet.

Her heart is sae pure, an' her vision sae clear,
Though we hope for the best, still we doubt an' we fear
That radiance sae heav'nly on earth soon may set,
An' leave us in darkness—dear Grandmither's pet.

GRANDFAITHER'S O'E.

Adapted to an old Scotch Melody.

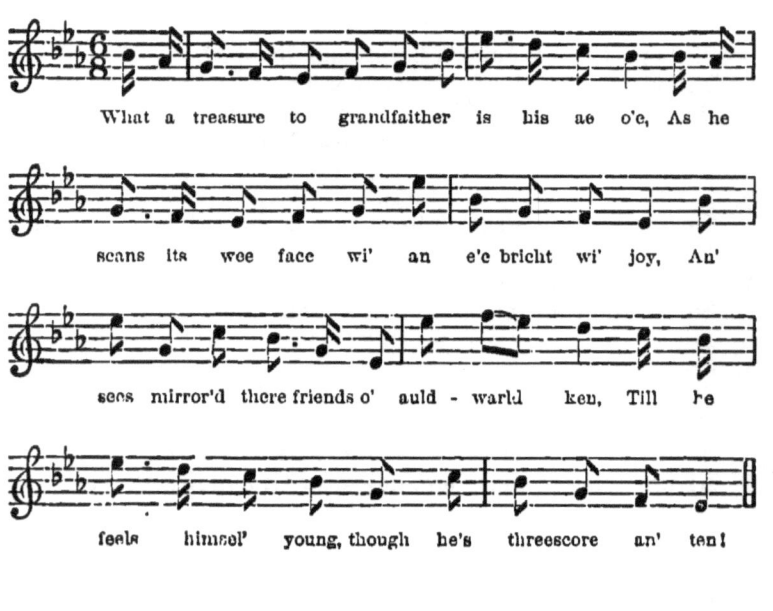

What a treasure to grandfaither is his ae o'e, As he scans its wee face wi' an e'e bricht wi' joy, An' sees mirror'd there friends o' auld-warld ken, Till he feels himsel' young, though he's threescore an' ten!

GRANDFAITHER'S O'E.

What a treasure to grandfaither is his ae o'e,
As he scans its wee face wi' an e'e bricht wi' joy,
And sees mirror'd there friends o' auld-warld ken,
Till he feels himsel' young, though he's threescore an' ten!

Oh, auld age and infancy cotter an' gree,
When the wee tot sits crawin' on grandfaither's knee;
An' they crack an' they kiss, an' they keek at ilk ither,
Till ye see that the tane is a part o' the tither.

The twa grow thegither, like twin-blossom'd flow'r,
Aye liker and liker in sunshine an' show'r
Till whiles ye wad think, as they nestle thegither,
The wean an' his grandfaither brither an' brither.

In vain may an auld man essay to grow young
By gaun through the mill o' a young wifie's tongue:
For youth, in sic matches, gaurs auld age grow aulder,
As the thaw melts the snaw but to gar it feel caulder.

But the radiance o' youth gilds the gray pow o' age,
When the grandfaither's tears gaurs his o'e seem a sage;
An' as the sun brichtens while lengthens the day,
So age, lit by youth, wanes in glory away.

WE'RE A' AE FAITHER'S BAIRNS.

Adapted to an old Highland melody.

When Heav'n is aye sae bounti-ful, wi' blessings teemin' rife, Why should we children of a day be slaves to selfish strife? And why should man hoard greedi-ly the treasure that he earns? Forgetting we are brithers a', an' a' ae faither's bairns.

WE'RE A' AE FAITHER'S BAIRNS.

When Heaven is aye sae bountiful, wi' blessings teemin' rife,
Why should we children of a day be slaves to selfish strife?
   An' why should man hoard greedily the treasure that he earns?
   Forgetting we are brithers a', an' a' ae faither's bairns!

Think on His love wha fills wi' life earth, ocean, air, an' sky,
Whase sun in glory shines alike on humble an' on high!
   Wha ower His creatures, great an' sma', wi' parent fondness yearns,
   An' let us strive by deeds to prove, we're a' ae faither's bairns.

Then follow Him wha first on earth taught brotherhood to man,
Your hearts will open wide, your love the universe will span;
   An' He, your Elder Brother, high enthron'd ayont the sterns,
   Will clasp ye by the hand an' say, "We're a' ae faither's bairns."

WIFIES AN' WEANS.

Adapted to an old Scotch Melody.

When straining our sinews an' stenting our veins, To big a snug bield for our wifies an' weans, It surely can neither be sil-ly nor wrang, While striving to rise 'mang the warld's busy thrang, To tent weel our winnings, an' haen weel our gains, To fend an' mak' mensefu our wifies an' weans.

WIFIES AN' WEANS.

When straining our sinews an' stenting our veins,
To big a snug bield for our wifies an' weans,
It surely can neither be silly nor wrang,
While striving to rise 'mang the warld's busy thrang,
    To tent weel our winnings, an' haen weel our gains,
    To fend an' mak' mensefu' our wifies an' weans.

Alack, when in manhood strang chields are laid low,
How dire the bereavement, how heavy the blow!
Still waur gin our dear anes are penniless left,
O' their head an' their bread-winner early bereft.
    Oh, nought can so soothe us, 'mid death's parting pains
    As when we've provided for wifies an' weans.

Then while we are youthful, an' active, an' strong,
Still pressing wi' vigour life's journey along,
Let's band wi' our brithers, an' walk side by side
Wi' them wha 'gainst evil days seek to provide,
    An' ilk gi'e a share o' the treasure he haens,
    To swell the joint purse o' our wifies and weans.

Thus we'll follow His hest wha lists kindly on high
To the widow's lorn moan an' the orphan's sad sigh;
An' strive to keep poortith awa' frae the door
O' them left ahint us our loss to deplore;
    For, oh, it wad melt bosoms cauld as whin stanes,
    To leave unprovided for widows and weans.

THE WAY TO WOO AN' WIN.

Adapted to an old Highland Melody.

I lo'ed a proud lassie, I lo'ed her for lang, I woo'd her wi' pipe, an' I woo'd her wi' sang; I woo'd her by streamlet an' bonnie green shaw; I woo'd her at kirk an' at market an' a': I proffer'd nae gowd, an' I offer'd nae gear, I proffer'd her nought but a heart a' sincere; But gin I cam' near her, wi' head cast a-jee, She cries, "Play your pranks wi' some ither than me."

THE WAY TO WOO AN' WIN.

I lo'ed a proud lassie, I lo'ed her for lang,
I woo'd her wi' pipe, an' I woo'd her wi' sang;
I woo'd her by streamlet an' bonnie green shaw;
I woo'd her at kirk an' at market an' a':
I proffer'd nae gowd, an' I offer'd nae gear,
I proffer'd her nought but a heart a' sincere;
    But gin I cam' near her, wi' head cast ajee,
    She cries, "Play your pranks wi' some ither than me."

I heav'd mony sighs, an' I shed mony tears,
For moments o' hope I had towmonds o' fears;
I gaz'd an' I gapit, wi' heart loupin' fu',
My words were sae big that they stack in my mou';
But her lips o' coral an' bosom o' snaw
Seem'd hard as the ice that nae simmer could thaw;
    For gin I come near her, wi' head cast ajee,
    She cries, "Play your pranks wi' some ither than me."

Last week on the hairst rig we shure side by side,
I ettled wi' kindness to saften her pride;
I shure a' the week for mysel' an' her too,
An' left the bit lassie but little to do;
But, losh! how my heart lap when doun 'mang the corn,
She ask't me to pick frae her wee hand a thorn;
    Her head on my bosom fu' soon fell ajee,
    She sighs, "Gi'e your love to nae ither than me."

Wi' deeds, no wi' words, thus I won my sweet bride,
For kindness gets kindness as floods swell the tide;
An' he wha would marry the lassie he lo'es,
May say what he likes, but maun mind what he does;
For virtue is modest an' near kin to pride;
It's no very easy sic twins to divide:
    She's weel worth the winning whase head's cast ajee,
    An' cries, "Play your pranks wi' anither than me."

BAULD BRAXY TAM.

Air—*The Campbells are Coming.*

Oh, Bauld Braxy Tam, he lives far in the west, Whaur the dreary Lang Whang heaves its brown heather crest; he's bauld as a lion, though mim as a lamb— I rede ye na rouse him, our Bauld Braxy Tam. The strang stalwart loon wons up-on the hill-tap, In peat-biggit shieling wi' thin theekit hap— He ne'er wants a braxy, nor gude reestit ham, And snell is the stamack o' Bauld Braxy Tam.

BAULD BRAXY TAM.

Oh, Bauld Braxy Tam, he lives far in the west,
Whaur the dreary Lang Whang heaves its brown heather crest;
    He's bauld as a lion, though mim as a lamb—
    I rede ye na rouse him, our Bauld Braxy Tam.
The strang stalwart loon wons upon the hill-tap,
In peat-biggit shieling wi' thin theekit hap—
    He ne'er wants a braxy, nor gude reestit ham,
    And snell is the stamack o' Bauld Braxy Tam.

See how his straught form, 'mid the storm-flicker'd lift,
Stalks ower the bleak muir, through the dark wreaths o' drift;
    While the wowff o' the collie or bleat o' the ram
    Are beacons o' licht to our Bauld Braxy Tam.
When April comes in aye sae sleety an' chill,
An' mony young lammie lies dead on the hill,
    Though miss'd by the farmer, and left by its dam,
    It's gude gusty gear to our Bauld Braxy Tam.

At the lown ingle-cheek, in the lang winter nicht,
Tam's welcom'd wi' pleasure aye mingled wi' fricht;
    Queer sangs and ghaist stories, a' through ither, cram
    The big roomy noddle o' Bauld Braxy Tam.
Then weans cower in neuks frae the fancy-rais'd ghaist,
Ilk lad faulds his arm round his ain lassie's waist;
    The auld folks gae-bed in an ill-natur'd sham,
    But the young gape till midnight round Bauld Braxy Tam.

Through a' our braid muirlands sae stunted and brown,
There's nane fear'd nor lo'ed like the hellicat loon;
    Our fair muirland maidens feel mony love dwaum,
    When milking the ewes o' our Bauld Braxy Tam.
But a puir auld sheep-farmer has come to the muir,
Wi' a dochter as fair as her faither is puir,
    She's pure as the dew-drap, an' sweet as the balm,
    An' she's won the stout heart o' our Bauld Braxy Tam.

OUR BRAW UNCLE.

OUR BRAW UNCLE.

My auld uncle Willie cam' doun here frae Lunnon,
    An' wow but he was a braw man;
An' a' my puir cousins around him cam' rinnin',
    Frae mony a lang mile awa', man.
My uncle was rich, my uncle was proud—
He spak' o' his gear, an' he bragg'd o' his gowd;
An' whate'er he hinted, the puir bodies vow'd
    They wad mak' it their love an' their law, man.

He stay'd wi' them a' for a week time about,
    Feastin', and fuddlin', an' a', man,
Till he fairly had riddled the puir bodies out,
    An' they thocht he was ne'er gaun awa', man.—
An' neither he was; he had naething to do,
He had made a' their fortunes, an' settled them too;
Though they ne'er saw a boddle, they'd naething to
    For they thocht they wad soon ha'e it a', man.

But when our braw uncle had stay'd here a year,
    I trow but he wasna a sma' man;
Their tables cam' down to their auld hamilt cheer,
    An' he gat himsel' book'd to gae 'wa', man.
Syne when he was startin', the hale o' his kin
Cam' to the coach-door, maistly chokin' him in,
An' they smoor'd him wi' presents o' a' they could fin',
    An' he vow'd he had *dune* for them a', man.—

An' sae had he too; for he never cam' back.
    My sang! but he wasna a raw man,
To feast for a year without payin' a plack,
    An' gang wi' sic presents awa', man.
An' aften he bragg'd how he cheated the greed
O' his gray gruppy kinsmen be-north o' the Tweed:
An' the best o't—when auld uncle Willie was dead,
    He left them—*just naething ava, man.*

OUR PUIR COUSIN.

Music by Peter M‘Leod.

OUR PUIR COUSIN.

My young cousin Peggy cam' doun frae Dunkeld,
    Wi' nae word o' Lawlants ava, man,
But her blue speakin' een a' her kind meanin' tauld,
    An' her brow shone as white as the snaw, man.
She cam' here to shear, an' she stay'd here to spin;
She wrought wi' the fremit, an' liv'd wi' her kin;
She laid naething out, but she laid muckle in;
    An' she fended on naething ava, man.

An' wow but the lassie was pawky an' slee,
    For she smil'd an' she smirkit till a', man,
Growin' a' body's body, baith muckle an' wee,
    An' our folk wadna let her awa', man.
For when there was trouble or death in the house,
She tended the sick-bed as quiet as a mouse,
An' wrought three folks' wark aye sae canny an' douce,
    Ye wad thought she did naething ava, man.

She grew rich in beauty, she grew rich in gear,
    She learnt to speak Lawlants an' a', man;
Her wit it was keen, an' her head it was clear,
    My sang! she was match for us a', man.
She was trysted to suppers, inveetit to teas,
Gat mony braw presents an' mony gowd fees,
An' e'en my ain billies, sae kittle to please,
    She tickled the hearts o' them a', man.

But the sweet Hielan' lassie, sae gentle an' meek,
    Refus'd them for gude an' for a', man,
Aye gaun to the auld Hielan' kirk ilka week,
    While the minister aft gie a ca', man.
Oh his was the fervour, an' hers was the grace,
They whisper'd sweet Gaelic, he gaz'd in her face,
Like licht, true love travels at nae laggin' pace—
    She's the star o' his heart an' his ha', man.

MAY MORNING SONG.

Air from Aberdeen Cantus, 1682.

Welcome, May morn - ing, Sunbeams a dorn - ing
Mountain and meadow green, moorland and lea;
Rosebuds are spring - ing, Skylarks are sing - ing,
Love and light mingle in sweet mel - o - dy; While
dear lit - tle Car - ry, My own darling fair - y,
Gar - ners the dew - drops in kis - ses for me.

MAY MORNING SONG.

Welcome, May morning,
Sunbeams adorning
Mountain and meadow green, muirland and lea;
Rosebuds are springing,
Skylarks are singing,
Love and light mingle in sweet melody;
While dear little Carry,
My own darling fairy,
Garners the dew-drops in kisses for me.

Emblems of purity,
Gems scatter'd far and free,
Ne'er did ye sparkle so brightly before;
On rosy lips ye shine,
Lips that alone are mine;
Gods may envy me, while mortals adore.
Then come, dearest Carry,
Say yes, and we'll marry,
Link'd heart and hand, we'll be one evermore.

A SAILOR'S SONG.

Music by Peter M'Leod.

Who'll go with me over the sea, Breasting the billows merri-ly? With a tight little ship and a bright can of flip, What heart but braves it cheer-i-ly? Winds may blow High or low; Steady! ready! merry! cheery! Jack's the go! Winds may blow High or low· Steady! ready! merry! cheery! Jack's the go!

A SAILOR'S SONG.

Who'll go with me over the sea,
   Breasting the billows merrily?
With a tight little ship and a bright can of flip,
   What heart but braves it cheerily?
      Winds may blow
      High or low:
Steady! ready! merry! cheery! Jack's the go!

The star of love that beams above
   Shines down all pure and holily;
We'll brave the breeze, we'll sweep the seas,
   With bosoms beating jollily.
      Winds may blow
      High or low:
Steady! ready! merry! cheery! Jack's the go!

Then, while we're afloat in our island boat,
   Let's reef and steer her warily;
And if our foes dare come to blows,
   We'll meet them taut and yarily.
      Winds may blow
      High or low:
Steady! ready! merry! cheery! Jack's the go!

A SOLDIER'S SONG.

A soldier's life is a merry, merry life:
  With his musket over his shoulder,
He marches on through blood and strife,
  Bolder still, and bolder.
'Mid cannon's roar and trumpet's blast,
  'Mid bombs and bullets flying,
He tears away like a man to the last,
  And dares the foe when dying.

Then oh how snug when he's left the trench,
  And at home in barracks laying,
He strolls about with his buxom wench,
  The never a penny paying!
He 'lists recruits, gets drunk and fights,
  He swaggers, swears, and blusters,
Goes home, and shakes himself to rights,
  Then on parade he musters.

Then oh how merrily rolls away
  The life of a gallant soldier!
Kill or no kill, he pockets his pay,
  And heaves care o'er his shoulder:
And though an eye or limb is lost,
  With his pension ev'ry quarter,
He quaffs his grog at his country's cost,
  And is crown'd his country's martyr.

Then how shall any dare set up
  To cope with a soldier's glory!
A swad, with his girl, his gun, and his cup,
  Is the star of Briton's story.
And while you've noble Wellington,
  With a gallant British army,
No Russian Bear, nor Spanish Don,
  Nor the devil himself, shall harm ye.

WHUP-THE-CAT.

Air—*Dainty Davie.*

Oh wha's the loon can clout the claes? Cauty Davie, dainty Davie; Wha the lassock's hearts can raise Like lit-tle tai-lor Dav-ie? Though cal-lants ca' him Whup-the-Cat, An' men-folk ban his gabbin' chat, The lassies they find nae sic faut Wi' kindly lit-tle Dav-ie.

WHUP-THE-CAT.

Oh wha's the loun can clout the claes?
Canty Davie, dainty Davie;
Wha the lassock's hearts can raise
   Like little tailor Davie?

Though callants ca' him Whup-the-Cat,
An' men-folk ban his gabbin' chat,
The lassies they find nae sic faut
   Wi' kindly little Davie.
               Oh wha's the loun, &c.

Oh blithe is ilka bodie's house,
Whaur Davie sits an' cracks fu' crouse,
Nae post-bag's half sae cramm'd wi' news
   As glib-mou'd tailor Davie.
               Oh wha's the loun, &c.

The weanies round him in a raw,
He raises sic a loud guffaw,
You'll hear the din a mile awa'
   O' them an' tailor Davie.
               Oh wha's the loun, &c.

The auld man's roomy waddin' coat,
Wi' age an' moths scarce worth a groat,
Maks breeks to Tam, an' coat to Jock.
   An' spats to tailor Davie.
                Oh wha's the loun, &c.

HE RIDES SICKER WHA NEVER FA'S.

Adapted to an old Scotch Melody.

HE RIDES SICKER WHA NEVER FA'S.

Gae buckle your belt in your ain gude gate,
    Gae draw your sword in your ain just cause;
But sit ye steeve in your saddle seat,
    For he rides sicker wha never fa's.
Gae gird ye in armour gleamin' bricht,
    An' see that your harness be free frae flaws;
Ye may shaw your skill as a daurin' knicht,
    But he rides sicker wha never fa's.

Then ride ye furth to the battle plain,
    An' seek for fame whaur the trumpet blaws;
Ye may prove to yersell that match ye've nane;
    But he rides sicker wha never fa's.
But gin ye're unhors'd by a stronger loon,
    An' 'mang your girthin' lie heads an' thraws,
Ye'll aiblins think o' the auld warld croon,
    That he rides sicker wha never fa's.

THE MAIR THAT YE GI'E, AYE THE MAIR WILL YE GET.

Adapted to an old Scotch Melody.

Gae nourish the feeble, Gae shelter the sma', Gae suc-cour your freend when his back's at the wa'; A gift gi'en in kindness aye brings bless-ings wi't— The mair that ye gi'e, aye the mair will ye get.

THE MAIR THAT YE GI'E, AYE THE MAIR WILL YE GET.

Gae nourish the feeble, gae shelter the sma',
Gae succour your freend when his back's at the wa';
A gift gi'en in kindness aye brings blessings wi't—
The mair that ye gi'e, aye the mair will ye get.

The farmer wha'd see his fields loaded wi' grain,
His hand in the sawing time maunna restrain;
Poor starv'd nither'd land never ga'e muckle yet—
The mair that ye gi'e, aye the mair will ye get.

The stream feeds the forest that shades its clear brow,
The forest woos rain-cluds that flood the stream fou,
The rain-cluds that fa' are wi' balmy dews met—
The mair that ye gi'e, aye the mair will ye get.

The rich canna use a' that's fa'en to their share,
The poorest, gin willing, ha'e something to spare;
Then share what ye hae, though an unco wee bit—
The mair that ye gi'e, aye the mair will ye get.

THE MAIR THAT YE WORK, AYE THE MAIR WILL YE WIN.

Adapted to an old Scotch Melody.

Be eident, be eident, fleet time rushes on; Be eident, be eident, bricht day will be gone; To stand idle by is a profit-less sin—The mair that ye work, Aye the mair will ye win.

THE MAIR THAT YE WORK, AYE THE MAIR WILL YE WIN.

Be eident, be eident, fleet time rushes on;
Be eident, be eident, bricht day will be gone;
To stand idle by is a profitless sin—
The mair that ye work, aye the mair will ye win.

The earth gathers fragrance while nursing the flow'r,
The wave waxes stronger while feeding the show'r,
The stream gains in speed as it sweeps o'er the linn—
The mair that ye work, aye the mair will ye win.

There's nought got by idlin', there's nought got for nought,
Health, wealth, and contentment by labour are bought;
In raisin' yoursel', ye may help up your kin—
The mair that ye work, aye the mair will ye win.

Let ev'ry man aim in his art to excel,
Let ev'ry man ettle to fend for himsel',
Aye nourish ye stern independence within—
The mair that ye work, aye the mair will ye win.

AYE DO YOUR BEST.

Air—Wae's my heart that we should sunder.

AYE DO YOUR BEST.

The times are hard an' fortune shy,
   Has lang been ilka grumler's story,
But work aye on, an' aim aye high,
   The harder work, the greater glory.
The honest mind, the sterling man,
   The chains o' poortith canna fetter,
So strive, an' do the best ye can,
   An', tak' my word, ye'll sune be better.

Although ye toil for little gear,
   Though whiles your labour may be slichted,
The darkest sky is sure to clear,
   An' virtue's wrangs will aye be richted.
Ne'er deem yoursel' an ill-used man,
   Nor ca' the world a heartless debtor,
But strive, and do the best ye can,
   An', tak' my word, ye'll sune be better.

Oh, sweet is freedom's caller air,
   An' sweet is bread o' ane's ain winning!
To work an' win be aye your care,—
   Great things ha'e aft a sma' beginning.
Let nought e'er ding ye frae your plan,
   Stick to your creed in ilka letter,
Aye strive, an' do the best ye can,
   An', tak' my word, ye'll sune be better.

IT'S A LANG LANE THAT HASNA A TURNIN'.

"Gang on, man; gang on, man; why should you tyne hope?
The road is weel trodden, then why wad ye stop?
　　See, hie on the hill a bricht beacon is burnin'—
　　It's a lang lane that hasna a turnin'."

"I wad fain reach the tap, I wad fain climb the brae,
But scowlin' misfortune stands barrin' my way:
　　I canna weel thole siccan frownin' an' spurnin'—
　　It's a lang road, an' hasna a turnin'."

"Toot! lassocks, ye ken, are whiles gey hard to win;
They frown an' say no, when they're only in fun:
　　The best stibble butter tak's langest o' churnin'—
　　It's a lang road that hasna a turnin'."

"I canna walk weel, for the road's strewn wi' briers,
I canna see weel, for my e'e's dim wi' tears:
　　I canna stand out; I am weary sojournin'—
　　It's a lang road, an' hasna a turnin'."

"Be brave, persevere, though your hopes may be sma',
Be brave, an' misfortune afore ye shall fa':
　　Fair day dawns mair bricht, after dark nichts o' mournin'—
　　It's a lang road that hasna a turnin'."

On, on, wends the pilgrim, with hope-kindled breast,
Nor stays he, till high on the mountain's proud crest,
　　He ferlies what kept him sae lang sittin' girnin'—
　　It's a lang road that hasna a turnin'

LET ILKA MAN SIT ON HIS AIN POCK NEUK.

Let ilka man sit on his ain pock neuk,
  Let ilka laird glow'r frae his ain door stane,
Let ilk misty scribbler read his ain beuk,
  They'll save themsel's trouble, an' ithers pain.

Let ilka man redd, wha seeks for a quarrel,
  Let ilk pay his lawin' an' count his gain;
Let a'body laugh, an' naebody snarl,
  They'll save themsel's trouble, an' ithers pain.

Let ilka lad wed the lass he lo'es best,
  Let ilka lass follow her heart when fain,
Let ilk try himsel' by his niebour's test,
  They'll save themsel's trouble, an' ithers pain.

An' aye, till the world be better divided,
  Let ilk ane depend on himsel' alane,
Wi' a' that he wants he'll soon be provided,
  An' save himsel' trouble, an' ithers pain.

A STIEVE HEART AN' A STURDY STEP WILL CLIMB THE STEEPEST BRAE.

Adapted to an old Scotch Melody.

Ne'er trow the day will low'r throughout, although the daw be dark; Ne'er dream ye're doom'd to darg through life, though hard your ear-ly wark. The morning gray an' mis-ty aft-en brings a gold-en day— A stieve heart an' a sturdy step will climb the steepest brae.

A STIEVE HEART AN' A STURDY STEP WILL CLIMB THE STEEPEST BRAE.

Ne'er trow the day will low'r throughout, although the daw be dark;
Ne'er dream ye're doom'd to darg through life, though hard your early wark.
   The morning gray an' misty aften brings a golden day—
   A stieve heart an' a sturdy step will climb the steepest brae.

A wee bit juttin' boulder whiles will help ye ower the wa',
So ne'er despise the willing gift, although it may be sma'.
   The birdie, e'er he flees, is proud to hap alang the spray—
   A stieve heart an' a sturdy step will climb the steepest brae.

The road to happiness is aft wi' sorrows thickly strown,
The waur to win the mair we prize ilk comfort that we own;
   An' Peace an' Freedom aft are gain'd by bluidy battle fray—
   A stieve heart an' a sturdy step will climb the steepest brae.

Then if the prize ye seek be high, an' if your aim be pure,
Press onward ever hopeful, still be patient to endure;
   For he wha seeks to enter heaven must watch, an' work, an' pray—
   A stieve heart an' a sturdy step will climb the steepest brae.

ALAS! THAT I CAM' O'ER THE MUIR.

Alas! that I cam' o'er the muir
    An' left my love behind me;
Alas! that ane sae fair an' pure
    For ever couldna bind me.
I wander there, I wander here,
    Yet dowie thoughts remind me
O' her sad look an' silent tear,
    When I left her behind me.
But I'll my truant steps retrace,
Ance mair I'll see her peerless face,
Her gentle breast may deign me grace,
    Though I left her behind me.

What though I own a broad domain,
    O'er mony miles extending,
An' her auld sire a humble swain,
    Wha barely mak's a fending!
What low debasing wealth was mine,
    Wi' earth that had entwin'd me,
An' gaur'd me leave ane a' divine,
    Alane to mourn behind me!
But I'll re-cross that eerie plain,
Her virgin heart is still my ain,
I'll own my faut, an' ne'er again
    Will leave my love behind me.

AE GUDE TURN DESERVES ANITHER.

Music by WILLIAM HOWARD.

Ye maunna be proud, al-though ye be great, The puirest bodie is still your brither; The king may come in the cad-ger's gate;— Ae gude turn deserves an-ither. Ae gude turn deserves an-ither. The hale o' us rise frae the same cauld clay, Ae hour we bloom, ae hour we wither; Let ilk help ither to climb the brae;— Ae gude turn deserves an-ither. Ae gude turn deserves an-ither.

AE GUDE TURN DESERVES ANITHER.

YE maunna be proud, although ye be great,
    The puirest bodie is still your brither;
The king may come in the cadger's gate;—
    Ae gude turn deserves anither.

The hale o' us rise frae the same cauld clay,
    Ae hour we bloom, ae hour we wither;
Let ilk help ither to climb the brae;—
    Ae gude turn deserves anither.

The highest amang us are unco wee,
    Frae Heav'n we get a' our gifts thegither;
Hoard na, man, what ye get sae free;—
    Ae gude turn deserves anither.

Life is a weary journey alane,
    Blithe's the road when we wend wi' ither;
Mutual gi'ein' is mutual gain;—
    Ae gude turn deserves anither.

A LISTENER NEVER HEARS GUDE O' HIMSEL'.

Air—*I'll mak' ye fain to follow me.*

A LISTENER NEVER HEARS GUDE O' HIMSEL'.

I LOST my auld wifie, an' felt me sae cauld,
I sought for a new ane like Davie o' auld,
   An' made my best bow to our braw village belle;—
   A listener never hears gude o' himsel'.
I wrote her a letter, saft, couthie, an' slee,
I bought her the brawest cheap shawl I could see,
   Syne ca'd wi' my present my love tale to tell;—
   A listener never hears gude o' himsel'.

There sat my braw joe, an' young Robin Affleck—
The deil weave a cravat o' hemp for his neck—
   Baith gigglin' an' ettlin' my letter to spell;—
   A listener never hears gude o' himsel'.
"Te he," quo' wee Nanny, "Ha ha," quo' big Rab,
An' syne the strang loon smack'd her rosy wee gab,
   Then rais'd his brown fist like a big mason's mell;—
   A listener never hears gude o' himsel'.

The wizzen'd auld mither soon e'ed me an' leugh,
"Come in, friend," quo' she; "am I no young eneugh?"
   Syne, losh, sic guffaws as I scunner't an' fell;—
   A listener never hears gude o' himsel'.
The auld mither's taunts an' the daughter's guffaw,
The cracks o' Rab's horse whip, I yet hear them a',
   As I lie a' my lane, cowrin' eerie an' snell;—
   A listener never hears gude o' himsel'.

GIN YE CANNA FORGET, YE CAN SURELY FORGI'E.

Adapted to an old Scotch Melody.

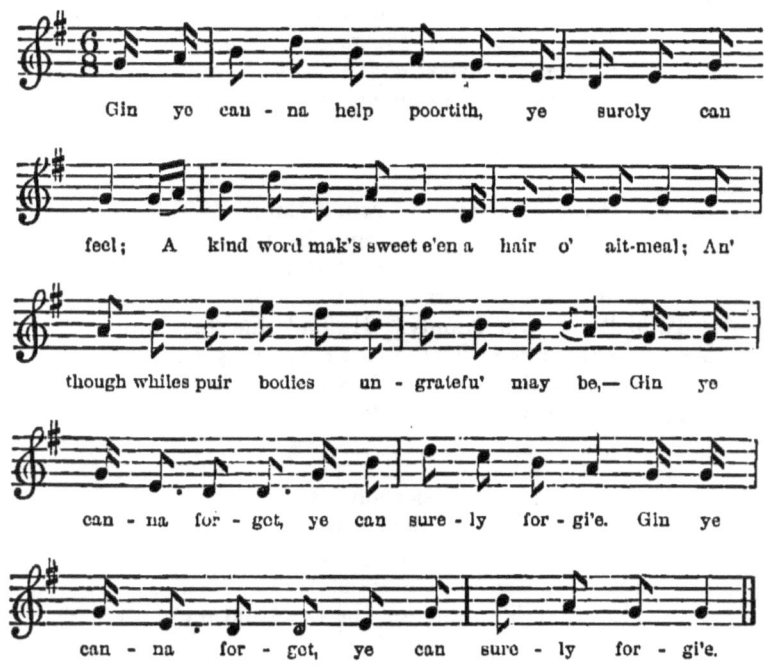

Gin ye can - na help poortith, ye surely can feel; A kind word mak's sweet e'en a hair o' ait-meal; An' though whiles puir bodies un - gratefu' may be,— Gin ye can - na for - get, ye can sure - ly for - gi'e. Gin ye can - na for - get, ye can sure - ly for - gi'e.

GIN YE CANNA FORGET, YE CAN SURELY FORGI'E.

Gin ye canna help poortith, ye surely can feel;
A kind heart mak's sweet e'en a hair o' aitmeal;
   An' though whiles puir bodies ungratefu' may be,—
   Gin ye canna forget, ye can surely forgi'e.

In bleak days o' winter, when wee birdies come
Around your door happin' a' cow'rin' an' numb,
   They pick frae your loof; but in spring aff they flee;—
   Gin ye canna forget, ye can surely forgi'e.

Though we seenil acknowledge His fatherly care,
Wha show'rs doun his blessings on a' late an' air';
   Gin we kneel to Him humbly, His mercy our plea,—
   Though justice forgets not, His love will forgi'e.

Let mankind be brithers, let man trust in man;
Gin quarrels arise, lull the strife gin ye can;
   Gin friends part in wrath, let them meet to agree;—
   Gin ye canna forget, ye can surely forgi'e.

HEIGH! HO!

Music adapted from Mendelssohn.

HEIGH! HO!

TELL me, Maiden, tell me truly,
  Hast thou lost thy heart or no?
In the charming month of July
  Hearts will go a-wand'ring so.
    Is it so,
      Ay or no?
  Hearts will go, with a—heigh! ho!

Dew bespangles mead and mountain,
  Sunbeams kiss, and flow'rets blow;
By the shady dell and fountain
  Lovers will a-wooing go.
    Is it so,
      Ay or no?
  Hearts will go, with a—heigh! ho!

Ope thine eyes, and spare thy roses,
  Thus outblushing Nature so;
Love is still, and ne'er discloses
  What the July gloamings know.
    Is it so,
      Ay or no?
  Hearts will go, with a—heigh! ho!

JAMIE AND PHEMIE.

Adapted to an old Scotch Melody.

JAMIE AND PHEMIE.

Auld Johnnie comes ower, an' he cracks wi' my mither—
    The auld warld carle is pawky an' slee;
Lang Sandy gangs out an' gets fu' wi' my brither,
    An' bribes the puir coof to be blackfoot to me.
But my manly Jamie, wi' forehead sae hie,
    Has a lowe in his heart an' a star in his e'e;
I wotna gin Jamie e'er cracks o' puir Phemie
    But weel do I wot a' his thoughts are wi' me.

I wotna how worth is sae bashfu' an' backward,
    I wotna how fools are sae forward an' free,
I wotna how Jamie's sae blate an' sae awkward,
    I wotna what gaurs my heart wander ajee;
But ah! there's a flame that the world canna see,
    In the slee keekin' glance o' a love-lichted e'e;
An' Jamie's aye keekin', while ithers are speakin',
    An' I wad keek too, but he's keekin' on me.

THE WHISTLEWOOD TREE.

Music by William Howard.

Oh! welcome the gen-ial voice o' young May, When lilt-in' amang the woods cheery an' gay; While boughs rustle gently an' leaves flutter free, How sweet is the sough o' the whistle-wood tree! Oh! welcome the saft southland breezes that blaw, A-waking the bellflow'rs in greenwood an' shaw, While a' the wee birds nestlin' lown on the lea, Wi' joy hail the sough o' the whistle-wood tree. Wi' joy hail the sough o' the whistle-wood tree.

THE WHISTLEWOOD TREE.*

Oh! welcome the genial voice o' young May,
When liltin' amang the woods cheery an' gay;
While boughs rustle gently an' leaves flutter free,
How sweet is the sough o' the whistlewood tree!
Oh! welcome the saft southland breezes that blaw,
Awaking the bellflow'rs in greenwood an' shaw,
While a' the wee birds nestlin' lown on the lea,
Wi' joy hail the sough o' the whistlewood tree.

Sweet simmer's been sigh'd for in valley and plain,
As I sigh for Sandy, when Sandy is gane;
But Sandy an' simmer come linkin' in glee,
Sae welcome the sough o' the whistlewood tree.
There's music without when there's feeling within,
The sweet chords o' nature mak' a' nature kin;
The lark's hame is laigh, though he sings far on hie,
Frae heav'n's the sough o' the whistlewood tree.

* The name given in rural districts in Scotland to the saugh or willow, the young branches of which are manufactured by rustic juveniles into homely whistles.

OLD AGE'S GARLAND.

Adapted to an old Scotch Melody.

Oh! cauld maun the heart be that's no set a-lowe When honour's green wreath circles eild's snaw-y pow; An' dim maun the e'e be that glists nae to see The young green buds sproutin' frae out the auld tree. Oh! ripe is the fruit on the stieve tree o' age, Though age wad be young, an' though youth wad be sage; There's nought half sae ha-ly in a' Nature's plan, As a white-headed, warm-hearted, couthie auld man.

OLD AGE'S GARLAND.

Oh! cauld maun the heart be that's no set a-lowe
When honour's green wreath circles eild's snawy pow;
An' dim maun the e'e be that glists nae to see
The young green buds sproutin' frae out the auld tree.
Oh! ripe is the fruit on the stieve tree o' age,
Though age wad be young, an' though youth wad be sage;
There's nought half sae haly in a' Nature's plan,
As a white-headed, warm-hearted, couthie auld man.

When friends in auld age ha'e been cronies in youth,
On baith sides there's honour, on baith sides there's truth;
When white pow an' white pow forgather wi' ither,
Wha life's stormy billows ha'e breastit thegither;
The lown lowe o' Virtue, Time's chilly sky warms,
An' Truth is borne upwards in Hope's loving arms;
For Time's but a footstep, an' Life's but a span,
But Heaven's the hame o' ilk couthie auld man.

LEEZIE LEE.

Adapted to an old Scotch Melody.

Jockie is deck'd in his braw ruffled sark, Wi' sil-ler buckles at il-ka knee; He skips like a bird o'er the lang grass park, To shaw his braws aff to Leez-ie Lee. An' pawky is he, an' pawky is she, An' wow but they baith are ower lang free; For diamond gaurs diamond in flinders flee; Jockie is gleg, sae is Leez-ie Lee.

LEEZIE LEE.

Jockie is deck'd in his braw ruffled sark,
  Wi' siller buckles at ilka knee;
He skips like a bird o'er the lang grass park,
  To shaw his braws aff to Leezie Lee.
An' pawky is he, an' pawky is she,
  An' wow but they baith are ower lang free;
For diamond gaurs diamond in flinders flee;
  Jockie is gleg, sae is Leezie Lee.

He was a warlock, an' she was a witch,
  Glamour meets glamour, an' nane can see;
She took him for braw, he took her for rich;
  Fowls o' a feather thegither flee.
Jockie's a bridegroom, an' Leezie a bride,
  Weel may they sowther, an' weel may they gree;
But Jockie has nought to keep up his pride,
  An' no ae boddle has Leezie Lee.

Why should ye cozen the lassie ye like?
  Why wad ye feign what ye ne'er can be?
Gin ye canna help her out o'er the dike,
  Ye better wait till the yett's ajee.
Ye far better loot down an' pu' the gowan,
  Than seek for fruit frae a sapless tree;
Better no climb than come doun the hill rowin',
  Wi' a stane round your neck like Leezie Lee.

THE ABSENT FAITHER.

Gaelic air.

"O mither, what tak's my dear faither a-wa', When muir an' when mountain are heapit wi' snaw, When thick swirling drift dauds the dead sapless yirth, An' a' thing is drear but our ain cozie hearth?"

THE ABSENT FAITHER.

"O MITHER, what tak's my dear faither awa',
When muir an' when mountain are heapit wi' snaw,
When thick swirling drift dauds the dead sapless yirth,
An' a' thing is drear but our ain cozie hearth?"

"The young hill-side lammies wad dee wi' the cauld,
Wer't no for your faither, who leads them a-fauld:
His voice is weel kenn'd by ilk puir mother ewe—
He's saving their lives while he's toilin' for you."

"Gin e'er I'm man-muckle, an' puir faither spared,
I'll mak' ye a leddy, an' faither a lair l;
I'll brave the dour winter on mountain an' lea,
An' toil for ye baith, wha ha'e toil'd sae for me."

"Come, lay your wee head on your wee minnie's knee,
An' gaze in her face, wi' your ain faither's e'e!
The nicht settles down—Oh! I wish he were here—
Hush! is na that Collie's wouff?—maybe they're near!"

The door gets a dirl, an' flees back to the wa',—
'Tis he! frae his bonnet he dauds aff the snaw:
"I'm here! my sweet son, an' my bonnie wee dame!
Down, Collie!—Be thankfu' we're a' noo at hame."

THE CHILDLESS WIDOW.

Adapted to an old Scotch Melody.

Oh whaur gat ye that man-ly bairn? I ance had ane his marrow, Wha was to me a heav'nly stern A-mid my nicht o' sorrow. Nae fer-lie that I lo'e your wean, An' o' his sweets en-vy ye. For my puir heart, sae sad an' lane, Grows glad when I am nigh ye.

THE CHILDLESS WIDOW.

Oh whaur gat ye that manly bairn?
  I ance had ane his marrow,
Wha was to me a heav'nly stern
  Amid my nicht o' sorrow.
Nae ferlie that I lo'e your wean,
  An' o' his sweets envy ye,
For my poor heart sae sad an' lane,
  Grows glad when I am nigh ye.

My boy was fair, my boy was brave,
  Wi' yellow ringlets flowing;
But now he sleeps in yon cauld grave,
  Sweet flow'rets o'er him growing.
When his dear faither join'd the blest,
  I fain wad ha'e gane wi' him:
But that dear laddie at my breast,
  I couldna gang an' lea' him.

My laddie grew, he better grew,
  Nae marrow had he growin',
Till ae snell blast that on us blew
  Set my sweet bud a dowin'.
But aye, as slowly dow'd the rind,
  The core it grew the dearer,
An' aye, as his frail body dwin'd,
  His mind it glinted clearer.

Oh bricht, bricht shone his sparklin' e'e—
  His cheek the pillow pressin';
He cast his last sad glance on me—
  "Dear mother, tak' my blessin'."
Then oh! the childless heart forgi'e,
  That canna but envy ye
O' that sweet bairn wha smiles on me,
  An' gaurs me linger by ye.

THE FIRST GRAY HAIR.

Gaelic air.

The wife wha sits by her gude-man's knee, An' keeks in his face wi' her sloe black e'e; Losh! how the bodie will startle an' stare, Gin she see in his pow the first gray hair.

THE FIRST GRAY HAIR.

The wifie wha sits by her gudeman's knee,
An' keeks in his face wi' her slee black e'e;
   Losh! how the bodie will startle an' stare,
   Gin she see in his pow the first gray hair.

Ere the leaves o' the forest ha'e fa'en or ha'e dow'd,
When the fields are a' wimplin' an' wavin' in gowd;
   Losh! how the farmer will shiver an' quake,
   Gin he see at his feet the first snaw-flake.

When fortune is couthie, an' freens are a' leal,
An' wifie an' weanies are canty an' weel,
   Ah! how ye feel gin Death mak's his first ca',
   An' tak's e'en your youngest bit tottum awa!

The early gray hair an' the early snaw-flake
May weel mak' us cow'r, an' may weel mak' us quake;
   But oh! when the young bud is reft frae the tree,
   The auld leafless trunk sune maun wither an' dee.

In stern auld December, in smiling young May,
We see Nature changing, we mark her decay;
   But the first hint to manhood o' eild's chilly care
   Is the icicle look o' the first gray hair.

OH, WHAT IS THIS THAT RACKS MY BREAST?

Music by J. C. Kieser.

OH, WHAT IS THIS THAT RACKS MY BREAST?

Oh, what is this that racks my breast,
   An' fleys my peace o' mind awa',
An' mak's me tyne my nichtly rest,
   An' weary for the mornin' daw?
I daunder doun the dowie glen,
   I linger on the lanely lea,
An' in some dark an' eerie den
   I fain wad lay me doun to dee.

I heave nae sigh, I mak' nae mane,
   I let nae tear bedim my e'e,
But mix wi' follies licht an' vain,
   To wile awa' my misery.
Few ken the hearts they meet wi' here,
   Few trow there's grief they canna see,
An' e'en the maid I lo'e sae dear
   Shall never guess the dool I dree.

'Tis hopeless love an' sad despair,
   Cast by the glamour o' thine e'e,
That cluds my waukrife dreams wi' care,
   An' mak's the daylicht dark to me.
I canna hope nor ask for mair
   Than ae wee pearly tear frae thee,
An' gin thy een ha'e ane to spare,
   In pity let it fa' for me.

THE FLOWER OF BANCHORY.

Air—*Come out to me.*

Young Spring with op'-ning flowers, was bright'ning vale and lea; While Love, 'mid bud-ing bow-ers, Woke sweet mel-o-dy: When by Dee's no-ble riv-er I stray'd in hap-py glee, And left my heart for ev-er In fair Ban-chor-y. O Banchor-y! fair Banchor-y! how dear that hap-py day to me, I wander'd by the banks o' Dee, And won the flow'r o' Banchor-y.

THE FLOWER OF BANCHORY.

Young Spring, with op'ning flowers,
  Was bright'ning vale and lea;
While Love, 'mid budding bowers,
  Woke sweet melody:
When by Dee's noble river
  I stray'd in happy glee,
And left my heart for ever
  In fair Banchory.
    O Banchory! fair Banchory!
    How dear that happy day to me,
    I wander'd by the banks o' Dee,
    And won the flow'r o' Banchory.

How was't that I, a rover,
  So reckless and so free,
Became a constant lover
  By flowing Dee?
Because, like Spring, my charmer,
  When fondly, kindly press'd,
Became, like Summer, warmer,
  And love's pow'r confess'd.
    O Banchory! &c.

The streamlet onward flowing,
  Still gathers as it flows;
The breast with true love glowing,
  Still warmer glows.
And my fond heart grows fonder,
  More firm my constancy,
For dearer still and kinder
  Is my love to me.
    O Banchory! &c.

THE EMIGRANT HIGHLANDER'S FAREWELL.

Gaelic air—Adapted and sung by JOHN WILSON.

THE EMIGRANT HIGHLANDER'S FAREWELL.

FAREWELL, glens and flowing rivers,
   Dark-brown moors and mountains blue,
Heath-clad cots and broomy valleys,
   Scenes of youth and love, adieu!
Doom'd to wander, doom'd to sorrow,
   All I love I leave with you.

O'er the grave that wraps my father
   Oft I've shed the silent tear,
But the parting wi' my mother,
   My lorn heart can never bear.
Oh! our home was pure and holy
   Oh! our love was all sincere.

Gazing on the humble shieling,
   List'ning to the gurgling rill,
Watching every cloudy shadow
   Fleeting o'er the silent hill;
Oh how blest were I for ever
   Thus to linger dreaming still!

Round Benvoirlich's summit hoary
   Wailing voices sadly swell,
While the soft wind o'er the waters
   Faintly murmurs, Fare-thee-well!
Oh! my path, how dark and lonely,
   Oh! my anguish, who can tell!

THE HIGHLAND LADDIE.

AIR—*Calder Fair.*

What can a kilted callant do, But, like his gallant sire, man, Baith learn to fecht an' conquer too, Wi' Highland pith an' fire, man? The love o' hill, o' heath, an' hame, Comes wi' his first-drawn breath, man, An' Freedom beets the patriot flame That bleezes bricht till death, man.

THE HIGHLAND LADDIE.

WHAT can a kilted callant do,
   But, like his gallant sire, man,
Baith learn to fecht an' conquer too,
   Wi' Highland pith an' fire, man?
The love o' hill, o' heath, an' hame,
   Comes wi' his first-drawn breath, man,
An' Freedom beets the patriot flame
   That bleezes bricht till death, man.

Your feckless, thowless, Southlan' brats,
   Dang doyte wi' licks an' lair, man,
May deave ye wi' their gabbin' chats,
   An' can do little mair, man.
Their licks an' laws, their bouks an' taws,
   Man's stalwart vigour kills, man;
But gin ye'd see him bauld an' free,
   Come to our Highland hills, man.

Here ilka callant learns to wield
   His dirk, claymore, an' a', man;
An' scorns his limbs in breeks to bield,
   For a' the blasts that blaw, man;
An' though they swear their Lowland lear
   Mak's Britain great an' free, man,
It's our snell braes that gaurs her faes
   A' cowerin' swarf an' flee, man.

Hurrah for Scotland's laurelled fame!
   Hurrah for Britain's glory!
Lang may they wear their taintless name,
   Lang shine in sang an' story.
Lang may the voice o' Freedom ring
   Through ilka Scottish shieling;
An' lang may Britain's callants sing,
   Inspired wi' kindred feeling.

THE SODGER'S LASSIE.

Adapted to an old Scotch Melody.

I win-na ha'e a law-yer loun, wi' glib an' sleekit mou', Wha gaurs the wrang ap-pear the richt, gin bribed by muckle fee, Wha plays at fast an' loose a-like baith wi' the fause an' true— Nae twa-faced whomlin' whir-li-gig shall ev-er wheedle me.

THE SODGER'S LASSIE.

I winna ha'e a lawyer loun, wi' glib an' sleekit mou',
 Wha gaurs the wrang appear the richt, gin bribed by mucklo fee,
Wha plays at fast an' loose alike baith wi' the fause an' truc—
 Nae twa-faced whomlin' whirligig shall ever wheedle me.

I winna ha'e the merchant chiel, wha's wealth is a' his pride,
 Wi' treasures piled in ilka land, an' ships on ilka sea;
E'en let him woo Dame Fortune, an' her fickle humour bide—
 Nae sordid son o' Mammon e'er shall win a heart frae me.

I winna ha'e a loutish laird, wha talks o' wheat an' bear,
 An' brags o' acres stretchin' far o'er mountain, muir, an' lee;
Wha hoards kind Nature's gowden stores to keep the markets dear—
 Nae wretch wha stints the puir man's caup need e'er seek grace frae me.

But gin a sodger, young an' brave, wha guards his country's weal,
 Wi' patriot ardour in his heart, an' daurin' in his e'e,
Should ever seek to win my heart, wi' purpose true an' leal—
 How dear the thought that sic a heart should ha'e a neuk for me!

THE TRYSTING TREE.

The trysting tree, the trysting tree,
  Oh, dear that gnarly trunk to me!
My soul hath been in heaven hie
  When wooing 'neath the trysting tree.

The birds lay silent in their nests,
  The flow'rs lay faulded on the lea,
An' a' was still, save our twa breasts,
  Warm throbbing 'neath the trysting tree.

We sigh'd, we blush'd, but a' was hush'd,
  For no ae word to spare had we;
But ae chaste kiss spak o' our bliss,
  Aneath the dear auld trysting tree.

We made nae tryst, we chang'd nae vows,
  But, aye when daylight clos'd his e'e,
We somehow met aneath the boughs
  O' that auld kindly trysting tree.

But grief an' time ha'e wrought sad wark
  Upon that dear auld tree an' me;
The licht that lit my soul is dark,
  The leaves ha'e left the trysting tree.

The trysting tree, the trysting tree,
  Though dear its twisted trunk to me,
It wrings my heart, an' drouns my e'e,
  To gaze upon that trysting tree.

BONNIE CURRIE GLEN.

This weary warld I've wander'd o'er, aye wooing Nature fair,
Aye seeking health and vigour frae her balmy, bracing air;
  But o' a' the bonnie places, an' they're mony that I ken,
  There's nane that's half sae dear to me as bonnie Currie Glen.

The larch an' birch befringe its braes wi' tassels glist'ning green,
Deep in the dell the silver stream is deftly dancing seen;
  While heather bell an' lady fern embrace in ilka fen,
  A' jouking round the wee brown paths in bonnie Currie Glen.

The burnie sings sae saftly as it gurgles low an' sweet,
The wild flow'rs spring sae genty as they lout to kiss your feet;
  Ye canna keep frae sketching them wi' pencil or wi' pen,
  That a' the warld may ken the pets o' bonnie Currie glen.

The vera chuckie stanes that lie low in the streamlet's bed,
A' hae a hand in helping out the melody that's led;
  While sight an' sound, in harmony, ilk ither beauty len',
  An' strive wha'll heighten maist the charms o' bonnie Currie Glen.

Yon gray auld castle tow'rs aloft in glory on the knowe,
An' Brownie brigs bestride the stream o'er ilka craggy howe;
  While slee bit neuks, whaur pawky lovers daunder but an' ben,
  Are cookit in the warlock braes o' bonnie Currie Glen.

But what were a' these beauties but for them wha own them a',
Wha's kindness scatters happiness amang baith grit an' sma'?
  She is the first o' womankind, an' he the best o' men,
  Heaven bless the bonnie Leddy an' the Laird o' Currie Glen.

THE FAIR TEACHER.

Adapted to an old Scotch Melody.

Fair Mary wi' the auburn locks, What schoolboy days were mine, In-haling love an' knowledge frae Each glance an' word o' thine! A genial glance illum'd each word Frae thy bright lips that fell, An' wisdom learnt frae thee became As lovely as thy-sel'. An' wisdom learnt frae thee became as lovely as thy-sel'.

THE FAIR TEACHER.

FAIR Mary wi' the auburn locks,
    What schoolboy days were mine,
Inhaling love an' knowledge frae
    Each glance an' word o' thine!
A genial glance illum'd each word
    Frae thy bright lips that fell,
An' wisdom learnt frae thee became
    As lovely as thysel'.

Sweet Mary wi' the auburn locks,
    Thy form so fairy small,
Wi' ev'ry look an' gesture kind
    I fondly now recall;—
I feel anew each touch an' tone,
    That with electric flame
Rush'd wildly through my flooded veins,
    An' thrill'd ower a' my frame.

Dear Mary wi' the auburn locks,
    The wisdom frae above
Is aye mair dearly priz'd when learn'd
    Frae lips o' them we love:
An' as my youthfu' thochts, dear maid,
    Were upward led by thee,
Oh gi'e thy pupil love for love,
    An' still my teacher be!

YE'RE OWER BONNIE.

Music by T. W. NAUMANN.

Published, with Accompaniments, by Wood & Co., Edinburgh.

YE'RE OWER BONNIE.

Oh, will thae pawky een o' thine
    Never tire o' killin'?
Gudesake! mind this heart o' mine
    Canna aye be thrillin'.
Although ane's heart might thole ae wound,
    An' time might close the hole in't,
Ilk piercing glance sae gaurs it stound,
    That's there's nae langer tholin't.
        Ye're ower bonnie, ye're ower bonnie,
          Sae steek that witchin' e'e;
        Its licht flees gleamin' through my brain,
          An' dings me a' ajee.

A hunder times ye've dang me daft
    Wi' your licht-hearted daffin',
Aye echoin' back my words sae saft,
    Wi' noisy, merry laughin'.
Yet ye're sae sweet, ye maun be kind;
    I vow I'll leave thee never;
Shine like the sun, I'll gaze till blind,
    Adoring thee for ever.
        Ye're ower bonnie, ye're ower bonnie,
          Yet oh that witchin' e'e,
        Whase licht flees gleamin' through my brain,
          Is love an' life to me!

THE WEE, WEE FLOW'R.

Music by ALFRED STELLA.

Published, with Accompaniments, by Paterson and Sons, Edinburgh.

THE WEE, WEE FLOW'R.

THE wee, wee flow'r, the wee, wee flow'r,
Shrinks frae the droukin' midnight show'r,
But opes its leaves in sunny hour—
Slee type o' life is the wee, wee flow'r.

The wee, wee flow'r begins to blaw
When early draps o' spring-dews fa';
But snell April aft gaurs it cow'r,
An' nips in bud the wee, wee flow'r.

The wee flow'r decks nae garden gay,
But blooms in slee neuks far away;
It canna thole ae wanton glow'r,
Sae bashfu' is the wee, wee flow'r.

'Neath trees the wee flow'r rears its stem,
An' keps the draps that fa' frae them;
Yet a' it tak's ne'er stints their pow'r,
It lives on love, the wee, wee flow'r.

A BONNIE BRIDE IS EASY BUSKIT.

"Come, Mary, dinna say me nae,
But name at ance our bridal day;
Let love dispel your doubts for aye,
   An' dinna let your brow be duskit.
Although I canna cleed ye braw,
An' though my house an' mailin's sma',
Your angel form will hallow a'—
   A bonnie bride is easy buskit."

"Oh dinna press our bridal now,
But rest content ye ha'e my vow,
My father's frozen breast will thowe,
   Sae let the spring-fed burnie gather.
He says my weal is a' his care,
He bends, I stroke his siller hair,
He weeps, I breathe a silent pray'r—
   I daurna leave my puir auld father."

"Alack! your father's fond o' gear,
At my puir suit again he'll sneer,
An' I maun lose thee, Mary dear,
   Unless his angry ban ye risk it.
But gin our humble cot he'll share,
He'll welcome be, ye'll nurse him there;
I seek yoursel', I ask nae mair—
   A bonnie bride is easy buskit."

Unseen the carle stands listenin' by,
Wi' smiling mou' an' glistenin' eye;
He hears his Mary gi'e a sigh,
   An' out he cries, in tones sae huskit,—
"Here, tak' her, Rab, my blessing ha'e,
Your kindly heart has won the day;
An' be your bridal when it may,
   Your bride shall be fu' brawly buskit."

WEEL MY WILLIE LO'ES ME.*

Sing on, sing on, thou lark sae hie,
    Thy sang wi' love embues me,
An' gars me aim to sing like thee
    How weel my Willie lo'es me.
I wander by Tweed's siller tide,
My breast brim fou o' gratefu' pride,
For round me a' on ev'ry side
    Are proofs how Willie lo'es me.

He lo'ed me in his laddie days,
    An' still he fondly woos me;
Tweed's winding vales, an' flow'ry braes,
    Can tell how weel he lo'es me.
He decks my brow wi' jewels rare;
He tends me wi' a lover's care;
My heart is his for evermair—
    For weel I ken he lo'es me.

Frae day to day, frae year to year,
    His kindness still endues me
Wi' some new gift that tells how dear
    I am to him wha lo'es me.
An' yon fair ha' he's biggit me,
That tow'rs o'er a' sae proud an' hie,
Will let a' future ages see
    How weel my Willie lo'es me.

* In this song Peebles sings of her Willie, and in the ast verse alludes to the noble Institution bequeathed to his native town by William Chambers of Glenormiston.

THE OUTCAST.

Air—*The Border Widow.*

I stray a-lang the lane-ly knowe,
I cow'r a-neath the birk-en bough, Till
gloam-in fa's ower muir au' lea, An'
a' grows mirk an' eer', like me.

THE OUTCAST.

I stray alang the lanely knowe,
I cow'r aneath the birken bough,
   Till gloamin' fa's ower muir an' lea,
   An' a' grows mirk an' eer', like me.

But mirker cluds maun wrap his breast
To whom this trusting heart was press'd,
   Thus to forget the solemn vow
   He plighted 'neath that birken bough.

I canna sigh, I canna weep,
I dream o' death's unbroken sleep;
   Gin ae wee tear wad fill my e'e,
   'Twere mercy's blessed dew to me.

Yet, if an outcast dare to pray
To Thee wha art the orphan's stay,
   Oh lay not to the spoiler's part,
   His broken vows, my broken heart!

TRUTH MUST PREVAIL.

Adapted to an old Scotch Melody.

'Mid storms and con-vul-sions now rend-ing the earth, 'Mid spark-ling de-lu-sions now start-ing to birth, 'Mid brains wear-ing mus-ty, and cheeks wan-ing pale, Take cour-age, true heart, for the truth must pre-vail! Take cour-age, true heart, for the truth must pre-vail!

TRUTH MUST PREVAIL.

'MID storms and convulsions now rending the earth,
'Mid sparkling delusions now starting to birth,
   'Mid brains wearing musty, and cheeks waning pale,
   Take courage, true heart, for the truth must prevail!

With knowledge comes science, with science comes pow'r,
And science rears truth, as the stem rears the flow'r;
   When science and truth their bright wonders unvail,
   All hearts must be conquer'd, and truth must prevail!

Proud error may boast of his triumph to-day,
And truth's day of conquest seem far, far away;
   But swift as the snorting train fleets on the rail,
   Truth's glory advances, and truth must prevail!

Take courage, true heart, then, the victory's thine,
The day is now dawning, the sun soon shall shine;
   O'er sky and o'er ocean, o'er mountain and dale,
   God's glory shall rise, and God's truth shall prevail!

WE'LL A' MEET ABOON.

Music by JAMES PATERSON.

Published, with Accompaniments, by Wood & Co., Edinburgh.

WE'LL A' MEET ABOON.

Oh, snell are the fangs o' the dour frost an' snaw,
An' mony dear friends they hae nither'd awa';
Yet when I wad ettle my sorrow to croon,
A voice in the lift lilts "We'll a' meet aboon."
    We'll a' meet aboon, we'll a' meet aboon,
    Oh what a blithe meeting yon meeting aboon!
    We'll a' meet aboon, we'll a' meet aboon,
    Oh what a blithe meeting yon meeting aboon!

In the still hour o' nicht, 'mid the darkness sae drear,
The faces we see and the voices we hear
A' tell that the friends whom we mourn hover roun',
To licht death's dark vale wi' a ray frae aboon.
    We'll a' meet aboon, &c.

Oh, bricht are the stars that illume the mirk sky,
An' kind eyes are glinting on us frae on high;
A' kindled by Him wha to death loutit doun
An' open'd our ken to yon glories aboon.
    We'll a' meet aboon, &c.

Awa' wi' a' doubtings, awa' wi' a' fears,
Believe Him wha promis'd to dry a' your tears,
An' made the truth clear as the bricht summer noon,
That brothers below will be brothers aboon.
    We'll a' meet aboon, &c.

THE LADY FERN.

Air from Aberdeen Cantus, 1682.

THE LADY FERN.

I BRING nae rose or lily fair
To twine amang thy gowden hair,
Nor fragrant flow'r, nor scented wreath,
To mingle wi' thy balmy breath;
    But frae the green banks o' the burn
    I bring thy mate, the Lady Fern.

The Lady Fern, wha's slender stalk
Alane can peer thy genty mak';
The Lady Fern, wha's gracefu' air,
Wi' thine alane can e'er compare;
    Oh, whaur may Nature meekness learn?—
    Frae thee an' frae the Lady Fern.

The broom adorns an' crowns the brae,
The whin o'ertaps the rocklet gray;
The heath blooms brightest on the hill,
An' a' wad fain climb higher still,
    While in the shade thou lo'est to dern
    Beside thy mate, the Lady Fern.

AN APRIL SONG.

Air from Aberdeen Cantus, 1682.

Come, hame-ly Muse, an' let us sing The praises o' the bud-ding Spring, A-fore A-pril has pass'd a-way, And left her blooming daughter May To charm us wi' her leaves and flow'rs, Her sun-ny skies an' sha-dy bow'rs.

AN APRIL SONG.

Come, hamely Muse, an' let us sing
The praises o' the budding Spring,
Afore April has pass'd away,
An' left her blooming daughter May
    To charm us wi' her leaves an' flow'rs,
    Her sunny skies an' shady bow'rs.

The birds are lilting on the tree,
The lambs are frisking o'er the lea;
The crimson gowans stud the green,
The blushing blossom glists like sheen,
    Gemming the new-leav'd boughs that swing
    Their arms aloft in breezy Spring.

Yet gusty winds sweep o'er the hill,
An' rain-cluds swell the brattling rill;
While in lown neuk an' cozy creek
Wee genty gowd-e'ed flowerets keek,
    An' licht an' shadow, sun an' haze,
    Are chasing ither o'er the braes.

The wisest o' our birds—the craw—
O' Faith reads lessons till us a',
For, ere a sprout has grac'd the tree,
He 'gins to big his nest on hie,
    An', cawing, tells his loving dame,
    "Our pets maun ha'e a cozy hame."

An' sae, when cluds around ye gloom,
Or in the distance dangers loom,
Aye look ye up ayont, above,
Ha'e faith in Him wha's law is love;
    Look forward, like the trusting craw,
    An' trow that simmer days will daw.

THE SCOTTISH PLOUGHMAN.

Air from Aberdeen Cantus, 1682.

When Father Adam first put spade In Eden's virgin soil, man, He taught his sons the Earth was made To yield them bread for toil, man; But when his sons spread far an' wide, An' circled Earth's broad brow, man, They flung auld Adam's spade aside, An' walk'd behind the plough, man.

THE SCOTTISH PLOUGHMAN.

When Father Adam first put spade
   In Eden's virgin soil, man,
He taught his sons the Earth was made
   To yield them bread for toil, man;
But when his sons spread far an' wide,
   An' circled Earth's broad brow, man,
They flung auld Adam's spade aside,
   An' walk'd behind the plough, man.

Auld Scotland's heath-clad hills of yore,
   Her rashy glens an' dales, man,
Could boast of gallant deeds galore,
   An' eke o' stirring tales, man;
But a' her dales an' hills are crown'd
   Wi' waving harvests now, man;
An' Earth's extremes can scarcely bound
   The fame o' Scotland's Ploughman.

Our Wallace planted Freedom's Tree,
   An' for dear Scotland died, man;
Our Watt first plough'd the stormy sea
   In teeth o' wind an' tide, man;
Our Brougham unlink'd the slave's strong chains,
   An' gnaw'd his fetters through, man;
Our Burns sang Nature's sweetest strains—
   An' Robin was a Ploughman.

Then blessings on each but an' ben,
   The hame o' honest worth, man;
The lads an' lasses, wives an' men,
   Wha warm our wintry North, man:
An' ne'er forget the burley swain
   Wha wears the bonnet blue, man,
An' fills our fields wi' gowden grain—
   God bless auld Scotland's Ploughman.

BESSY'S WOOING.

Oh guess ye wha's gane a-beckin' an' booin',
Guess ye wha's gane a-billin' an' cooin',
Guess ye wha's gane a-coaxin' an' wooin',
   To bonnie young Bessy, the flow'r o' the Glen.
Auld Souter Rabby, wha dresses sae brawly;
Auld Barber Watty, sae smirky an' waly;
Auld Elder Johnnie, sae meek an' sae haly—
   Ha'e a' gane a-wooin' to Bess o' the Glen.

Fat Deacon Sandy, the heigh Council nabby;
Wee Tailor Davie, sae glibby an' gabby;
Dominie Joseph, sae threadbare an' shabby—
   Ha'e a' gane a-wooin' to Bess o' the Glen.
Big Mason Andrew, sae heavily fisted;
Jock Gude-for-naething, wha three times had listed;
Strang Miller Geordie, wi' meal a' bedusted—
   Ha'e a' gane a-wooin' to Bess o' the Glen

Glee'd Cooper Cuddy, a' girded fu' tichtly,
Red-nos'd Sawyer Will, wi' his beak shinin' brichtly;
The tree-leggit Pensioner, marchin' fu' lichtly—
   Ha'e a' gane a-wooin' to Bess o' the Glen.
They're sighin' an' sabbin', they're vowin' an' swearin';
They're challengin', duellin', boxin', an' tearin';
While Bess, pawky jaud, is aye smirkin' an' jeerin'—
   There ne'er was a gillflirt like Bess o' the Glen.

But a young Highland Drover cam' here wi' some cattle;
Gat fou, an' swore Gaelic—gat fierce, an' ga'e battle;
An' a' the hale pack did he lustily rattle—
   Hech! was nae that fun to young Bess o' the Glen?
His bauld manly bearin' caught Bessy's black e'e;
Her heart ga'e a stound, an' her breast ga'e a sigh;
An' now the brave Drover's gi'en o'er drivin' kye—
   For, troth! he is Laird o' young Bess an' the Glen.

THE SHADOW ON THE PILLOW.

Music by J. Durrner.

Published, with Accompaniments, by Wood & Co., Edinburgh.

THE SHADOW ON THE PILLOW.*

Borne helpless from the field of fight,
    Hewn deep with wounds and scars,
I pray'd, "Heav'n come and help the right,
    And end the cruel wars."
I swoon'd—I dreamt an angel band
    Bore me o'er ocean billow;
I woke, and, lo—an angel hand
    Was smoothing down my pillow!

'Twixt death and life, through day and night,
    My wounds unconscious kept me
Of all, except those eyes so bright,
    That kindly watch'd and wept me.
And over me in yon far land
    Had wav'd the weeping willow,
Had it not been the angel hand,
    That smooth'd the soldier's pillow.

Oh! earth but once heard such a tale,
    So heav'nly and so human,
As that of Florence Nightingale,
    The angel type in woman.
What marvel that a soldier tell—
    A poor, but grateful fellow—
He kiss'd her shadow, as it fell
    At midnight on his pillow!

* The incident on which this song is founded was communicated by Sir John M'Neil.
  At the Crimea a Highland soldier had his arm so severely wounded that it was about to be amputated, when Miss Nightingale requested the operation delayed, as she thought that under careful nursing the arm might be preserved. By her unremitting care this was accomplished; and the poor soldier, on being asked what he felt toward his preserver, said, that the only mode he had of giving vent to his feelings, was by kissing her shadow when it fell on his pillow, as she passed through the ward on her nightly visit.

CARRY YOUR AIN SUNSHINE WI' YE.

Music by T. W. Naumann.

Published, with Accompaniments, by Wood & Co., Edinburgh.

CARRY YOUR AIN SUNSHINE WI' YE—*continued.*

carry your ain sunshine wi' ye. Trust ye in Him
never trust-ed in vain— Him who has a' thing to
gi'e an' for-gi'e ye; A-mid mirk gloamin', bricht gleams ye'll
gain, Gin ye car-ry your ain sunshine wi' ye.
Gin ye car-ry your ain sunshine wi' ye;
Gin ye car-ry your ain sun-shine wi' ye.

ADIEU, DEAR HEART OF ABERDEEN.

Published, with Accompaniments, by Wood & Co., Edinburgh.

ADIEU, DEAR HEART OF ABERDEEN.*

ADIEU, dear heart of Aberdeen,
  My leman will depart me fro;
  My heart will break for dool an' woe,
Whaur he is ever graven green
Adieu, dear heart of Aberdeen,
Adieu, dear heart of Aberdeen.

I'll shoot an arrow from my heart,
  The shaft shall be of doleful mein,
  The head with pain be pointed smart,
All wing'd with sighs for what hath been.
Adieu, dear heart of Aberdeen,
Adieu, dear heart of Aberdeen.

Oh aid me, Love's all potent Queen,
  An' in my leman plant that flane,
  That he may feel the cruel pain
Of bosoms rack'd as mine hath been.
Adieu, dear heart of Aberdeen,
Adieu, dear heart of Aberdeen.

---

* The words of this song are based on a fragment found recorded in the Minute Book of the Burgh Sasines of Aberdeen, 1503-7, and published by William Dauney in the Skene Manuscript. The air, also, is from the same publication; and, together, they give a pretty correct idea of the material of which the ancient Songs of Scotland were composed. The melody and title of the next song, "Kilt thy coat, Maggy," and of "Alas! that I cam' o'er the muir," pages 100, 101, are also from the Skene Manuscript.

KILT THY COAT, MAGGIE.

KILT THY COAT, MAGGIE.

Kilt thy coat, Maggie, Maggie, dear Maggie,
Kilt thy coat, Maggie, an' dance thou wi' me;
Thy white genty feetie scarce bend the wee gowan,
An' a' thy licht motions are gracefu' an' free.

Ope thy mou', Maggie, Maggie, dear Maggie,
Ope thy mou', Maggie, an' lilt thou to me;
Thy voice is as saft as the hill burnie rowin',
An' sweet as the lintie that sings on the tree.

Lend thine ear, Maggie, Maggie, dear Maggie,
Lend thine ear, Maggie, an' listen to me;
Sae meek an' sae modest, sae bashfu' an' bonnie,
My saul's dearest wishes a' centre in thee!

Name the day, Maggie, Maggie, dear Maggie,
Name the day, Maggie, our bridal may be;
For hours they seem towmonds, an' days they seem ages,
Till I ha'e my Maggie, an' Maggie has me.

WEE TAMMIE TWENTY.

Adapted to an old Scotch Melody.

There's Wee Tammie Twenty, the auld tinkler bodie, Comes here twice a year wi' his creels an' his cuddy, Wi' Nanny, his wifie, sae gudgy an' duddy— It's hard to say whilk is the queerest auld bodie. He works brass an copper, an' a' sic-like metals, Walds broken brass pans, southers auld copper kettles Wi' il-ka auld wifie he gossips an' tattles, An' ilka young lassie he coaxes an' pettles.

WEE TAMMY TWENTY.

There's Wee Tammie Twenty, the auld tinkler bodie,
Comes here twice a year wi' his creels an' his cuddy,
Wi' Nanny, his wifie, sae gudgy an' duddy—
It's hard to say whilk is the queerest auld bodie.

He works brass an' copper, an' a' siclike metals,
Walds broken brass pans, southers auld copper kettles;
Wi' ilka auld wifie he gossips an' tattles,
An' ilka young lassie he coaxes un' pettles.

Fu' stievely he clouts up auld broken-wind bellows,
Or mends wi' brass clasps broken-ribbit umbrellas;
Sic sangs he can sing, an' sic stories can tell us,
I trow but Wee Tammie's the king o' gude fellows.

Auld Nan's second-sighted; she sees far and clearly,
Foretells ilka waddin' a townmond or nearly,
Can tell ilka lad the bit lass he lo'es dearly,
An' gin the bit lassie lo'es him as sincerely.

At nicht they haud furth in auld Watty MacHuster's,
Whaur a' the young belles sparkle round them like lustre's,
An' a' the young beaux gather round them in clusters,
An' mony braw waddin's made up at their musters.

Their humph-backit laddie—they ne'er had anither—
Could coax like the faither an' spae like the mither;
He'd the craft o' the tane an' the wit o' the tither—
There ne'er was sic metal e'er souther'd thegither.

He spouted last speeches an' liltit new ballants,
He mimick't a' tongues frae the Hielants or Lawlants.
Grew grit wi' the lasses an' great wi' the callants,
An' a' bodie laugh'd at the wee deilie's talents.

But what did the gillie do here the last simmer?
He ran aff wi' Maggy, the young glaikit limmer,
Syne stole a bit pursie to deck out the kimmer,
An' was sent ower the seas to the fellin' o' timmer.

A YACHTING SONG.

I love yachting—jolly, jolly yachting; I love yachting on the flowing Clyde, When the wind blows free o'er the swelling sea, And floods the rolling tide. While breezy clouds sweep o'er us, And Arran tow'rs before us, We join in jolly chorus, As we go rolling on; Rolling on, rolling on, rolling on, Rolling on, rolling on, rolling on; We join in jolly chorus, As we go rolling on.

A YACHTING SONG.

I LOVE yachting—jolly, jolly yachting;
I love yachting on the flowing Clyde,
When the wind blows free o'er the swelling sea,
    And floods the rolling tide.
While breezy clouds sweep o'er us,
And Arran tow'rs before us,
We join in jolly chorus,
    As we go rolling on;
Rolling on, rolling on, rolling on,
Rolling on, rolling on, rolling on;
We join in jolly chorus,
    As we go rolling on.

I've lov'd yachting—jolly, jolly yachting;
I've lov'd yachting from my early life;
My cradle of rest was the ocean breast,
    Secure from care and strife.
Then stormy clouds pass'd o'er me,
And the sky broke bright before me,
While my tiny skiff still bore me,
    All joyous rolling on;
Rolling on, rolling on, rolling on,
Rolling on, rolling on, rolling on;
While my tiny skiff still bore me,
    All joyous rolling on.

I love yachting—jolly, jolly yachting;
I love yachting on the ocean wide,
Where we hear no jar from the world afar,
    And cheerily onward glide,
Till the breezy clouds float o'er us,
And the waves rise high before us,
When we join in jolly chorus,
    As we go rolling on;
Rolling on, rolling on, rolling on,
Rolling on, rolling on, rolling on;
We join in jolly chorus,
    As we go rolling on.

GI'E A WEAN HIS PARRITCH.

Air—*Jenny Nettles.*

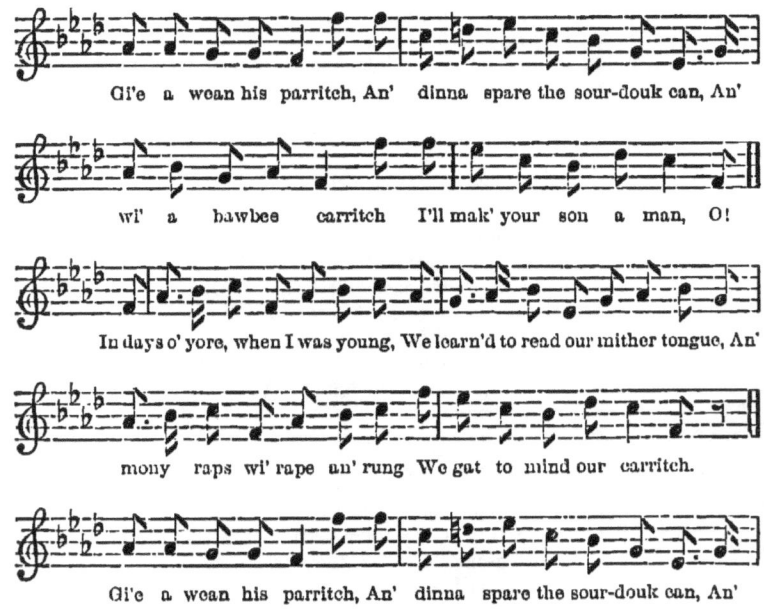

Gi'e a wean his parritch, An' dinna spare the sour-douk can, An' wi' a bawbee carritch I'll mak' your son a man, O!

In days o' yore, when I was young, We learn'd to read our mither tongue, An' mony raps wi' rape an' rung We gat to mind our carritch.

Gi'e a wean his parritch, An' dinna spare the sour-douk can, An' wi' a bawbee carritch I'll mak' your son a man, O!

GI'E A WEAN HIS PARRITCH

Gi'e a wean his parritch,
    An' dinna spare the sour-douk can,
An' wi' a bawbee carritch
    I'll mak' your son a man, O!

In days o' yore, when I was young,
We learn'd to read our mither tongue,
An' mony raps wi' rape and rung
    We gat to mind our carritch.
        Gi'e a wean, &c.

New-fangled schules ha'e ither laws,
Wi' mony English hums an' haws,
But leeze me on a bunch o' taws,
    An' a bawbee carritch.
        Gi'e a wean, &c.

A rousin' pawmie on the loof
Will waken up a sleepy coof,
An' gaur him gie ye Scripture proof
    For a' the single carritch.
        Gi'e a wean, &c.

Your wee toun getts, sae glib an' sma',
They winna stand a yerk ava,
So a' my scholars rin awa'
    Frae my taws and carritch.
        Gi'e a wean, &c.

An' guess ye what the deelies did?
They brunt my taws, my wig they hid,
Syne lap upon the bunker lid,
    And danc'd upon the carritch.
        Gi'e a wean, &c.

Yet whatfor need I mak' my mane,
Sin' thae auld times are lang bygane,
Let's hope the days will come again
    When weans will mind their carritch.
        Gi'e a wean, &c.

JOHN THAMSON'S CART.

Published, with Accompaniments, by Paterson and Sons, Edinburgh.

JOHN THAMSON'S CART.

Auld John Thamson rade hame frae the fair,
    Late, late on a cauld winter nicht, O!
He had toom'd his three coggies, an' maybe ane mair,
    Nae ferlie his head it was licht, O!
But his horse kenn'd the gate, sae John lay in his cart,
    Sleeping as sound as a tap, O!
An' the horse draigled on through the sleet an' the clart,
    While Johnnie lay takin' his nap, O!

At length, at the foot o' a stieve an' stey brae,
    Auld Bawsie drew breath an' stood still, O!
An', dozin', fell dreamin' o' sweet scented hay,
    While Jock dreamt o' rich reamin' yill, O!
John Thamson's gudewife cam' her liege lord to seek,
    Wi' a bowit that shone like a star, O!
For though she had lectur'd him week after week,
    He grew aye the langer the waur, O!

"My certy!" quo' she, "but I'll play him a fleg,
    As sure as Jean Thamson's my name, O!"
Sae frae the cart trams syne she lows'd the auld naig,
    An' slippit it straught awa' hame, O!
The wind it blew bleak, an' John Thamson awoke
    An' he hyted, he huppit—in vain, O!
He ferlied what gaur'd his horse stand like a stock,
    Till he graipit, an' felt it was gane, O!

Syne back to the toll in a hurry he ran,
   An' the tollman he wauk'd in a fricht, O!
"Can I be John Thamson? come, tell me, gudeman,
   Has John Thamson pass'd by the nicht, O!"
"Gude help us, man, Jock, is't yoursel' or your ghost?"
   The tollman he cried wi' a start, O!
"Gin I be John Thamson, a horse I ha'e lost,
   But gin no, I ha'e fund—a cart, O!"

John Thamson grew sober, John Thamson ran hame,
   Skelp, skelpin' through dub an' through mire, O!
He was met at the door by his couthie auld dame,
   Wha luggit him straught to the byre, O!
There his horse stood fu' snug, "Ay, puir Bawsie," quo' she,
   "He eats, he drinks only his fill, O!"
"Ah!" quo' Jock, "but he hadna a crony, like me,
   Sayin', 'Here's t'ye,' ower a drap yill, O!"

MUCKLE-MOU'D MEG.

"Oh, wha ha'e ye brought us hame now, my brave lord,
    Strappit flaught ower his braid saddle-bow?
Some bauld Border reiver to feast at our board,
    An' herry our pantry, I trow.
He's buirdly an' stalwart in lith an' in limb;
    Gin ye were his master in war,
The field was a saft eneugh litter for him,
    Ye needna ha'e brought him sae far.
Then saddle an' munt again, harness an' dunt again,
    An' when ye gae hunt again, strike higher game."

"Hoot, whist ye, my dame, for he comes o' gude kin,
    An' boasts o' a lang pedigree;
This nicht he maun share o' our gude cheer within,
    At morning's gray dawn he maun dee.
He's gallant Wat Scott, heir o' proud Harden Ha',
    Wha ettled our lands clear to sweep;
But now he is snug in auld Elibank's paw,
    An' shall swing frae our donjon-keep.
Though saddle an' munt again, harness an' dunt again,
I'll ne'er, when I hunt again, strike higher game."

"Is this young Wat Scott? an' wad ye rax his craig,
    When our daughter is fey for a man?
Gae, gaur the loon marry our muckle-mou'd Meg,
    Or we'll ne'er get the jaud aff our han'!"
"Od! hear our gudewife, she wad fain save your life;
    Wat Scott, will ye marry or hang?"
But Meg's muckle mou set young Wat's heart agrue,
    Wha swore to the woodie he'd gang.
Ne'er saddle nor munt again, harness nor dunt again,
Wat ne'er shall hunt again, ne'er see his hame.

Syne muckle-mou'd Meg press'd in close to his side,
  An' blinkit fu' sleely an' kind;
But aye as Wat glower'd at his braw proffer'd bride,
  He shook like a leaf in the wind.
"A bride or a gallows, a rope or a wife!"
  The mornin' dawn'd sunny an' clear—
Wat boldly strode forward to part wi' his life,
  Till he saw Meggy shedding a tear;
Then saddle an' munt again, harness an' dunt again,
Fain wad Wat hunt again, fain wad be hame.

Meg's tear touch'd his bosom, the gibbet frown'd high,
  An' slowly Wat strode to his doom;
He ga'e a glance round wi' a tear in his e'e,
  Meg shone like a star through the gloom.
She rush'd to his arms, they were wed on the spot,
  An' lo'ed ither muckle an' lang;
Nae bauld border laird had a wife like Wat Scott;
  'Twas better to marry than hang.
So saddle an' munt again, harness an' dunt again,
Elibank, hunt again, Wat's snug at hame.

THE AULD BEGGAR MAN.

Music by J. C. Kieser.

THE AULD BEGGAR MAN.

The auld cripple beggar cam' jumpin', jumpin',—
Hech! how the bodie was stumpin', stumpin',
His wee wooden leggie was thumpin', thumpin'—
    Saw ye e'er sic a queer auld man?
An' aye he hirpled an' hoastit, hoastit,
Aye he stampit his fit an' he boastit,
Ilka woman and maid he accostit,—
    Saw ye e'er sic a queer auld man?

The auld wives cam' hirplin' in scores frae the clachan,
The young wives cam' rinnin', a' gigglin' an' laughin',
The bairnies cam' toddlin', a' jinkin' an' daffin',
    An' pookit the pocks o' the queer auld man.
Out cam' the young widows, a' blinkin' fu' meekly,
Out cam' the young lassies, a' smirkin' fu' sweetly,
Out cam' the auld maidens, a' bobbin' discreetly,
    An' gat a slee smack frae the queer auld man.

Out cam' the big blacksmith, a' smeekit and duddy,
Out cam' the fat butcher, a' greasy an' bluidy,
Out cam' the auld cartwright, the wee drucken bodie,
    An' swore they would flaughter the queer auld man.
Out cam' the lang weaver, wi' his biggest shuttle,
Out cam' the short snab, wi' his sharp cutty whittle,
Out cam' the young herd, wi' a big tattie bittle,
    An' swore they would devel the queer auld man.

The beggar he coost aff his wee wooden peg,
An' he shaw'd them a brawny an' sturdy leg,—
I wat but the carle was strappin' an' gleg;—
    Saw ye e'er sic a steeve auld man?
He thumpit the blacksmith hame to his wife;
He dumpit the butcher, wha ran for his life;
He chased the wee wright wi' the butcher's sharp knife;--
    Saw ye e'er sic a brave auld man?

He puff'd on the weaver, he ran to his loom;
He shankit the snab hame to cobble his shoon;
He skelpit the herd, on his bog-reed to croon,—
    Saw ye e'er sic a stuffy auld man?
The wives o' the toun then a' gather'd about him,
An' loudly an' blithely the bairnies did shout him;
They hooted the loons wha had threaten'd to clout him;—
    Kenn'd ye e'er sic a lucky auld man?

PATIE THE PACKMAN.

Air—*The Quaker's Wife.*

PATIE THE PACKMAN.

O' a' the slee bodies that ever I saw,
    The sleeist was Patie the Packman:
I'll lay ye my lugs, ere he let ye awa',
    Ye'll ha'e cause to mind Patie the Packman.
He's a' outs an' ins, he's a' heads an' thraws,
    He's a sharp-pointed humph on his back, man,
While a brass-banded box, fill'd wi' uncos an' braws,
    Smooths the hummie o' Patie the Packman.

He trots oot an' in, he rins here an' there,
    He's been at the moon, an' come back, man;
At bridal, at kirkin', at market, or fair,
    Ye'll never miss Patie the Packman.
He's a' gate, kens a' thing, sae dinna ye think
    Ye'll ever get out o' his track, man;
Gin e'er ye're beglommer'd wi' love or wi' drink,
    Ye'll be nail'd by slee Patie the Packman.

In the bonnie gray gloamin', adown the green lane,
    Gin ye tak' your ain lassie to walk, man,
When ye fain wad sit down on the auld mossy stane,
    There sits little Patie the Packman.
Or gin the moonlicht wiles ye out 'mang the braird,
    Or sets ye ayont the haystack, man,
What's sure to come hoastin' across the barnyard,
    But "How are ye?" frae Patie the Packman?

Or whan the auld wives idly girn out their lives,
    An' their noddles are a' on the rack, man,
Gin ony has seen Jockie crackin' wi' Jean,
    They are seen by slee Patie the Packman.

He is sleek in the tongue, he is gleg in the een,
    He is aye in the way for a crack, man,
An' there's never a knot o' true gossipers seen,
    But there chatters Patie the Packman.

Be't braws for the body or food for the mind,
    Be't gown, ribbon, ballant, or tract, man,
Ye're sure to get a' ye are wantin' to find,
    In the stow'd box o' Patie the Packman.
The lassies gaun glaikit for men or for dress,
    The bairnies a' skirlin' for "black-man;"
E'en wee buffy Jock an' his daft titty Bess,
    A' yaummer for Patie the Packman.

An' he stots aye about, wi' his tongue an' his pack,
    Ye ne'er catch him wairin' a plack, man,
Till a braw merchant's shop opens up in a crack,
    An' there stands slee Patie the Packman.
It's gude to be pawkie, it's braw to be odd,
    I'll no say slee Patie's a quack, man;
But mony wha fain wad tak' up a' the road,
    Maun mak' room for slee Patie the Packman.

THE TOWN DRUMMER.

Air—*Three Gude Fellows.*

Aye drummin' an' ruffin', Aye soakin' an' scuffin', Aye jokin' an' stuffin', Ken ye Tam an' his drum? I trow he's a stuffy wee cricket, Though cruikit, wee-boukit, an' stickit, He's no very eas-i-ly lick-it, Stuffy wee Tam an' his drum. Whaure'er maut or mischief is brewin', Whaure'er there is aught to get fou on, Whaure'er there is ony-thing new in, You're sure to meet Tam an' his drum. Aye drummin' an' ruffin', Aye soakin' an' scuffin', Aye jokin' an' stuffin', Ken ye Tam an' his drum?

THE TOWN DRUMMER.

AYE drummin' an' ruffin',
Aye soakin' an' scuffin',
Aye jokin' an' stuffin',
    Ken ye Tam an' his drum?

I trow he's a stuffy wee cricket,
Though cruikit, wee-boukit, an' stickit,
He's no very easily lickit,
    Stuffy wee Tam an' his drum.
Whaure'er maut or mischief is brewin',
Whaure'er there is aught to get fou on,
Whaure'er there is onything new in,
    You're sure to meet Tam an' his drum.
        Aye drummin', &c.

A' sleepy new-married folks, scornin'
To rise up betimes in the mornin',
Gie Tammie his fee an' his warnin',
    He's sure to be there wi' his drum.
The bride in a flusterin' flurry,
The bridegroom a' foamin' wi' fury,
He bangs on his claes in a hurry,
    An' curses baith Tam an' his drum.
        Aye drummin', &c.

At twalhours, when knee-breekit carles
Slip in to their whisky an' farles,
Gin Tammie has gotten his earles,
    He's sure to be there wi' his drum.

At ilka puir bodie's cross roupin',
At ilka bit niffer or coupin',
The moment ye ca' the gill-stoup in,
    You're sure to see Tam an' his drum.
        Aye drummin', &c.

At e'enin', when ten o'clock's chappin',
An' wark-folk a' hameward are stappin',
Straught up the High Street he comes pappin',
    An' shuts a' the shops wi' his drum.
At midnicht, when bodies get bouzie,
An' set up in flames their bit housie,
Wee Tammie, half-naked an' touzie,
    Awaukens the town wi' his drum.
        Aye drummin', &c.

When our Bailies, wi' round chubby faces,
Are coach'd down in state to the races,
A' the horses show aff their best paces,
    At tuck o' wee Tam an' his drum.
I trow he is merry an' cheery,
Wi' Tammie ye canna weel weary,
But a' wad gang heeliegoleery,
    Gin ye wanted wee Tam an' his drum.
        Aye drummin', &c.

UNCLE WATTY AND AUNTY MATTY.

The Melody by the late John Wilson.

Published with Accompaniments by Wood & Co., Edinburgh.

UNCLE WATTY AND AUNTY MATTY.

Is there ony that kens nae my auld uncle Watty,
Wi' 's buckled knee breekums an' three cockit hattie?
Is there ony that kens nae my auld aunty Matty,
Wi' 'r wee black silk cloak an' her red collar'd cattie?
    Oh, auld uncle Watty an' auld aunty Matty,
Ye may gang whaur ye like, but their match ye'll ne'er see!

They've saved a' they ha'e, though they never were greedy,
Gang to their house hungry, they're sure aye to feed ye,
Gang to their house tatter'd, they're sure aye to cleed ye;
Oh! wha'll fill their place to the puir an' the needy?
    Oh, auld uncle Watty an' auld aunty Matty,
Ye're kindly to a', but ye're kinder to me!

I mind nae o' mither, I mind nae o' faither,
Yet ne'er kent the ha'ein' or wantin' o' either,
For the puir orphan sprout that was left here to wither
Gat uncle for faither, gat aunty for mither.
    Oh, auld uncle Watty an' auld aunty Matty,
Few orphans ha'e uncle an' aunty like me!

An' didna my bosom beat fondly an' fou
When up like an aik 'neath their nursin' I grew;
While a tear in their e'e, or a clud on their brow,
Was aye sure to pierce my fond heartie richt through.
    Oh, auld uncle Watty an' auld aunty Matty,
Ye're faither, ye're mither, ye're a' thing to me!

But luve play'd a pliskie, that maist rave asunder
Three hearts that ye'll no find the like in a hunder;
I married wee Mary, to a'body's wonder,
An' maistly had paid for my het-headed blunder—
    For auld uncle Watty an' auld aunty Matty,
Vow'd they wad ne'er own either Mary or me.

But Mary's kind heart, aye sae couthie an' slee,
Sune won the auld bodies, as she had won me;
When our callant cam' hame, to the kirk wi't cam' she,
Ca'd it Watty—the auld folk sat bleer't in the e'e.
    An' auld uncle Watty an' auld aunty Matty
Cam' cuddlin' the wean hame 'tween Mary an' me.

The following songs are selected from a series illustrating the Life of "Mary, Queen of Scots," written for and sung by the late John Wilson, in his entertainment of that name. The following note from that distinguished vocalist to the author shows how the series of songs originated :—

41 REGENT SQUARE,
LONDON, 23d January, 1843.

MY DEAR SIR,

I need not tell you how much I admire your writings, prose as well as poetry; for if I did not do so I should not write to you now. I mean to concoct an entertainment, to be called "Mary, Queen of Scots," to be a companion to "Prince Charles;" and as I think it will be difficult for me to get songs of the time to illustrate the various points of her eventful life, I should like you to tell me whether you would be my poet on the occasion.

(Signed) JOHN WILSON.

JAMES BALLANTINE,
Author of the "Gaberlunzie Wallet."

Of course I appreciated this compliment highly, and produced a series of songs which met with Mr. Wilson's approval. The success of the entertainment was complete, as is shown in a note written to me on the first night it was given in London.

MY DEAR BALLANTINE,

It's over, and gloriously! There was a most elegant assemblage, and a great array of carriages at the door. The whole was listened to with breathless interest, and received with tremendous applause. Everybody says it is the best entertainment I have ever given. I mentioned your name as the author of the songs, and the complimentary terms in which I spoke of you were responded to with enthusiasm.

(Signed) JOHN WILSON.

I had engaged to write for my esteemed friend songs for other illustrations of Scottish History, but these projects were stopped by his sudden and much lamented death.

JAMES BALLANTINE.

EDINBURGH, <i>June</i>, 1865.

THE DEATH-BED LAMENT OF KING JAMES.

Adapted to an old Scotch Melody by JOHN WILSON.

Published, with Accompaniments, by Metzler & Co., London.

DEATH-BED LAMENT OF KING JAMES.

IN Falkland Palace the King he lies ill,
    Gallant nobles around him gather;
An' gossip gangs round, 'mang gossips o' skill,
    The dying King will soon be a father.

"Gae saddle an' bridle, gae mount an' ride,
    Life is ebbing an' time is pressing;
Come weal or come woe, whatever betide,
    I would fain leave a dying father's blessing."

"What news now, what news? come tell ye to me;
    Is't a son, that ye're licht wi' laughter?"—
"A bonnie wee blossom frae the parent tree,—
    Joy, my liege, in your fair young daughter."

"Oh! woe an' alack for this dolefu' pass;
    Puir Scotland will kingless be to-morrow;
It cam' wi' a lass, it will gang wi' a lass:"
    And the good King clos'd his eyes in sorrow.

MARY'S FAREWELL TO FRANCE.

Adapted to an old Scotch Melody by JOHN WILSON.
Published, with Accompaniments, by Metzler & Co., London.

Fare - well, dear France! land of my heart, A long fare - well, a long farewell to thee! Thy hills, that from me fad - ing part, I ne'er a - gain, I ne'er a - gain shall see. An or - phan maid, I sought thy shore; A wi - dow, a wi - dow I am now; Sad sor - row fills my bo - som's core, And shades my youth - ful brow, And shades my youth - ful brow

MARY'S FAREWELL TO FRANCE.

Farewell, dear France! land of my heart,
   A long farewell to thee!
Thy hills, that from me fading part,
   I ne'er again shall see.
An orphan maid, I sought thy shore;
   A widow I am now;
Sad sorrow fills my bosom's core,
   And shades my youthful brow.

I come to thee, my native land,
   With heart no longer thine;
I may thy warmest love command,
   But France, dear France, has mine.
One little spot still fills my eye,
   Far o'er the waters blue;
And still my heaving breast shall sigh,
   Farewell, dear France, adieu.

THE VETERAN'S WELCOME.

Adapted to an old Scotch Melody by JOHN WILSON.

Published, with Accompaniments, by Metzler & Co., London.

Come, Johnnie, now tell to me What means a' this daf-fin'? How come ye sae fu' o' glee? An' whaur hu'e ye been? What sets you an' a' the lave o' your kin A-wa' frae the clach-an, A' rin-nin' like wud, an' fleo-in' like win', An' cap-er-in' o'er the green.

THE VETERAN'S WELCOME.

"COME, Johnnie, now tell to me
   What means a' this daffin'?
How come ye sae fu' o' glee?
   An' whaur ha'e ye been?
What sets you an' a' the lave o' your kin
   Awa' frae the clachan,
A' rinnin' like wud, an' fleein' like win',
   An' caperin' o'er the green."

"Rise, rise, frae your auld arm-chair,
   My worthy grandfather,
Sae comely a sight an' rare
   Ye ne'er can ha'e seen.
Knights an' warriors sae brave, an' ladies sae bright,
   That mingle an' gather
Around a sweet angel a' beaming wi' light,
   Our young an' gentle Queen."

"Johnnie, lad, I begin to fail,
   I'm weary, weary ploddin';
My limbs now are totterin' frail,
   An' dim are my een.
I fought by her grandsire's side on the plain
   O' dark, bluidy Flodden,
An' the day that her father began to reign
   I mind as weel's yestreen."

The veteran trudg'd awa'
   By the side o' his o'e,
An' the tears down his cheeks did fa'
   As he gaz'd on his Queen.
"My blessing," he said, "on your bonnie young face:
   May ye lang live in joy."
But the auld body's moments were waning apace,
   An' he died afore her een.

THE QUEEN'S MARIES.

Air—*The Happy Clown.*

THE QUEEN'S MARIES.

The Queen's Maries are blooming fair,
    As rose on tree or flow'r on lea;
But nought wi' nature can compare,
    Wi' Mary, Scotland's Queen, O.
An' forth they wend to gay greenwood,
    In hunting fray to spend the day;
Their little horns, all tripling loud,
    Awake the forest green, O.

Her sylph-like form, an' queenly air,
    Sae jimp an' sma' before them a';
Queen Mary on her palfrey fair,
    Sits deck'd in gowd and green, O.
Then through the forest, through the glade,
    What witchery, what archery;
The mountain deer forsake the shade
    To see the bonnie Queen, O.

Fast flies the hart an' fleet the roe,
    To 'scape the dart that cleaves their heart;
But noble lovers, kneeling low,
    Court death frae sparkling een, O!
The Maries keek, an' lovers get
    At ilka keek the death they seek;
But ah, a thousand hearts are split
    By ae blink frae the Queen, O.

THE LAST LAY OF CHATELARD.

Queen of my heart! light of my eyes!
   A cruel, stern, and fix'd decree
Hath seal'd thy Poet's fate, who dies,
   And dies, alas! for love of thee.
For love of thee, whom not to love
   Were crime, were crime of darkest hue:
Such beauty Heav'n-crown'd saints might move
To leave their blissful thrones above,
   And, kneeling at thy footstool, sue.

Fair Angel Princess, fare-thee-well!
   Life soon from me shall pass away;
Poor Chatelard now hears the knell
   That drowns for aye his latest lay.
Yet still his pray'rs to Heav'n shall rise
   For purest blessings upon thee;
And as his spirit heav'n-ward flies,
Till echo in the distance dies,
   All full of love the air shall be.

FIRST BLAST OF THE TRUMPET AGAINST THE MONSTROUS REGIMENT OF WOMEN.

Air—*Donald Couper.*

Gaur a' your ram-horn trumpets tout, An' rouse this slothfu' na-tion; Gae brass your lungs an' bauld-ly shout 'Gainst sic ab-om-in-a-tion. Wi' wo-men deck'd in pomp an' pride, This douce auld land is teemin', An' round an' round, on il-ka side, Rise re-gi-ments o' wo-men.

FIRST BLAST OF THE TRUMPET AGAINST THE MONSTROUS REGIMENT OF WOMEN.

Gaur a' your ram-horn trumpets tout,
    An' rouse this slothfu' nation;
Gae brass your lungs an' bauldly shout
    'Gainst sic abomination.
Wi' women deck'd in pomp an' pride,
    This douce auld land is teemin',
An' round an' round, on ilka side,
    Rise regiments o' women.

A woman wears auld Scotland's crown,
    Ane fills auld England's throne, O;
They'll ha'e the world turn'd upside doun
    While men stand lookin' on, O.
Licht-hearted hizzies dance like daft—
    Hark how the jauds are screamin'!—
An' gin we dinna crush sic craft,
    We'll a' gang wud wi' women.

Their rosy smiles, their blue-e'e'd darts,
    Their wheedlin' an' their dautin',
Are baited hooks for thoughtless hearts,
    Set by auld fisher Satan.
Then steek your lugs an' close your een,
    An' swear that ye are freemen,
Wha winna bow to ony Queen,
    Though back'd by hosts o' women.

MARY'S LAMENT IN LOCHLEVEN.

Adapted to an old Scotch Melody by JOHN WILSON.
Published, with Accompaniments, by Metzler & Co., London.

MARY'S LAMENT IN LOCHLEVEN.

THE poorest mother in the land
   Can take her babe upon her knee,
An' soothe his griefs wi' accents bland,
   Or kiss the tear-drap frae his e'e;
Yet, though I'm Queen o' fair Scotland,
   They've ta'en my infant son frae me.

I cannot live, an', living, bear
   The grief that darkens life's young morn;
I cannot check the heart-wrung tear
   That tells me I a Queen was born,
While in this prison, lone an' drear,
   I now am friendless an' forlorn.

My nearest kin my darkest foes,
   No human help or friend have I;
On Heav'n alone can I repose,
   None else can hear my hopeless sigh.
My sorrows death alone can close;
   With grief I live, with joy I'd die.

DIRGE. OH! WEEP, WEEP, YE STREAMS.

Oh! weep, weep, ye streams, till ye rin dry wi' wae,
Oh! wither, ye flow'rs, by bank an' by brae,
Oh! wail, ye fair maidens, in cottage an' ha',
E'en nature maun mourn for sweet Mary awa'!

A flow'ret sae fair couldna bloom in our soil;
The trusting heart wots nae the fause bosom's guile;
Auld Scotland was torn by her ain lion's claw,
An' now she's heart-broken, her Mary's awa'!

Puir Mary was born an' was cradled in tears,
Grief cam' wi' her birth, an' grief grew wi' her years;
The muffled bell tolls frae yon grim castle wa',
But Heaven's gates are open'd for Mary awa'!

www.ingramcontent.com/pod-product-compliance
Lightning Source LLC
Chambersburg PA
CBHW031829230426
43669CB00009B/1286